Graf Alexander Stenbock-Fermor
Meine Erlebnisse als Bergarbeiter im Ruhrgebiet

Henselowsky Boschmann

Graf Alexander Stenbock-Fermor, geboren am 30. Januar 1902 auf Schloss Nitau bei Riga, gestorben am 8. Mai 1972 bei einem Aufenthalt in Düsseldorf. Freier Schriftsteller, Film- und Hörspielautor.

Mit freundlicher Genehmigung der Deutschen Verlags-Anstalt, ein Verlag der Verlagsgruppe Random House GmbH, Neumarkter Str. 28, 81673 München.
Nach der Ausgabe J. Engelhorns, Nachf. Stuttgart 1928.

Verlag Henselowsky Boschmann
Boschmann und Bunpanya-Boschmann GbR
Schützenstraße 31 · 46236 Bottrop
post@vonneruhr.de · www.vonneruhr.de
www.ruhrgebietdeluxe.de
1. Auflage 2017
ISBN 978-3-942094-76-4
Umschlagfoto: Graf Alexander Stenbock-Fermor (1927)
Druck: Friedrich Pustet GmbH & Co. KG, Regensburg

Graf Alexander Stenbock-Fermor
Meine Erlebnisse als Bergarbeiter im Ruhrgebiet

Mit einem Nachwort
von Dirk Hallenberger

Ruhrgebiet de luxe

Meine Kameraden
den deutschen Bergarbeitern
gewidmet

Der Sinn dieser Schrift

Vom 16. November 1922 bis zum 20. Dezember 1923 – also über ein Jahr – arbeitete ich als Bergmann im Ruhrgebiet. Pekuniäre Not und wohl auch eine gewisse Abenteuerlust, ich studierte damals das Ingenieurfach in Strelitz-Alt, veranlaßten mich, zeitweilig als Arbeiter mein Geld zu verdienen. Es gelang mir, als „Schlepper" bei der Zeche Gewerkschaft Friedrich Thyssen, Schacht IV in Hamborn Anstellung zu finden.

Ich will hier nun versuchen, meine persönlichen Eindrükke, Erlebnisse und Erfahrungen dieser Zeit zu schildern. Den Anspruch auf eine erschöpfende Auskunft über das Leben, die Sorgen und Entbehrungen der Bergleute kann diese kleine Arbeit nicht erheben; es soll nur versucht sein, einige kurze Bilder aus dieser seltsamen, den meisten Menschen so wenig bekannten Welt wahrheitsgemäß zu zeigen. Mein einziges Bestreben beim Niederschreiben dieser Erinnerungen ist, rücksichtslos wahr zu sein: ohne Beschönigung oder Übertreibung erzähle ich nur das, was ich mit eigenen Augen gesehen und eigenen Ohren gehört habe. Wenn es mir gelingen sollte, das Verstehen für die in schwerer Arbeit und dumpfer Not lebenden Bergarbeiter zu heben – was uns Menschen voneinander trennt, ist nur der Irrtum – ist das erreicht, was mir als Sinn dieser Schrift vorschwebte.

Ankunft

Die Formalitäten waren schnell erledigt: gegen Abgabe meines Passes und eines ärztlichen Gesundheitsattestes erhielt ich in der Schreibstube der Zeche einen besonderen Zechenausweis, wurde als Schlepper zu Revier 12 eingeschrieben und erhielt den Bescheid, am nächsten Morgen sechs Uhr zur ersten Einfahrt bereit zu sein. Als Wohnung wurde mir das „Ledigenheim" – so wurden die Holzbaracken genannt, in denen die unverheirateten Arbeiter zusammen lebten – zu Schacht IV angewiesen. Dann war ich entlassen. Nun schlug ich den Weg zu meiner neuen Wohnstätte ein und mußte dabei eine kurze Strecke einen Bahndamm entlanggehen, der sich steil und hoch aus der Ebene erhob.

Als ich den schmalen Fußsteg, der den Damm heraufführte, erklommen hatte, blieb ich vor Überraschung stehen: ein gewaltig-grausiger Anblick bot sich meinen staunenden Augen. Wohin der Blick schweifte, rechts, links, hinten, vorne: ein Wald von Fabrikschornsteinen, Fördertürmen, Maschinenhallen, Koksöfen, Hochöfen, Mietskasernen, gespensterhaft schwarz sich abhebend von dem schmutziggrauen, feucht-nebligen Himmel. Wie rosige, beschmutzte Finger durchstachen die Schornsteinpfeile eine lastende Atmosphäre. Ungeheure Röhrengefüge zwischen kirchenhaft gewölbten Hallen und klotzigen Kuppeln verschwammen im Dunst. Fieberhaftes, hastiges, wimmelndes, keuchendes Leben durchglühte alles. Ein Wolkenmeer von schwarzem Rauch und geballten gelben Schwaden lag drückend über der ganzen Landschaft, und es schien, als ob hier die Sonne nie durchstrahlen könne! Und dann der Lärm! Ein Rauschen, Dröhnen, Grollen, Klirren, Klingen, Sausen, Trillern, Surren, Zischen, Pfeifen erfüllte die Luft, und der Boden stöhnte und bebte.

Lied der Arbeit, der nie rastenden, ewigen, seelenlosen Arbeit. Tag und Nacht stoßen die Kurbeln in surrende Generatoren, kreisen Schwungrad und Anker, grollen Zylinder, sausen gewaltige Förderkörbe in unermeßliche Tiefen, um Kohlen aus dunkler Nacht zu saugen. Tag und Nacht hämmern, schaufeln, hacken, ziehen, schieben, schuften Menschen tief unter der Erde. Ohne Ende! Ein Gott konnte hier nur herrschen – die Maschine. Die Natur schien sich verkrochen zu haben in Angst und Trauer. Die einzelnen Bäume, die kahl und anklagend die Äste emporhoben, umgeben vom spärlichen, zertretenen gelben Gras, entschuldigten ihr Dasein. Die Maschine herrschte, sie verschlang alles: die Bäume, die Blumen, die Natur, den Himmel und auch den Menschen! Wie können hier Menschen leben, dachte ich mit Grauen, in diesem Lande ohne Seele, ohne Himmel und Schönheit; wer hier geboren wurde und sein Leben verbrachte, mußte erstarren, zum Arbeitssklaven, zur Maschine werden! An einen Vers aus dem „Maschinenstürmer" von Ernst Toller mußte ich denken:

„Ticktack der Morgen, ticktack der Mittag … ticktack der Abend …

Einer ist Arm, einer ist Bein … Einer ist Hirn …

Und die Seele, die Seele … ist tot …"

Solche Gedanken bedrängten mich, als ich dieses großartige und schreckliche Bild auf mich einwirken ließ. Das war nun meine neue Heimat! Erfüllt von Beklommenheit und Angst schritt ich weiter.

Bald tauchten die großen grauen, entsetzlich gleichmäßigen Mietskasernen von Hamborn vor mir auf. Den ersten Proletariern begegnete ich: müden Gestalten, mit bleichgelben, eingefallenen Gesichtern ohne bestimmtes Alter, die glanzlosen Augen zu Boden gesenkt. Tief erschütterte mich der Anblick der Arbeiterfrauen. Käthe-Kollwitz-Gestalten! Hohlwangig, stumpf, reizlos, nicht jung und alt, müde, verhärmt, verbraucht. Ja, so mußten die Bewohner dieses seelenlosen Landes aussehen! –

Ich hatte einen großen Umweg gemacht: das Ledigenheim lag ja dicht am Schacht IV. Arbeiter zeigten mir den Weg, und bald stand ich vor meiner neuen „Wohnung“: drei niedrige, langgezogene Holzbaracken, in gleichmäßigen Abständen voneinander entfernt, schräg davor, einen breiten Platz freilassend, der Eßsaal mit der Küche; im Hintergrunde die Toiletten. Die Gebäude lagen in einer breiteren Ebene, erst einige hundert Meter weiter begannen die Häuserketten der Arbeiterkolonie.

Aus einem Schalter blickte ein dickes, freundlich aussehendes Mädchen heraus; hier hatte ich mich zu melden. „Ah, Sie sind Student? Vor einiger Zeit war hier einer aus Jena, St., kennen Sie ihn?“ „Ja. Der hat mir sogar geraten, hierher zu kommen.“ „Das ist ja schön. Ihr Freund war aber nur kurze Zeit hier. Wie lange wollen Sie denn bleiben?“ „Oh. Ein Jahr,“ sagte ich großspurig. Sie lachte. „Na, na. Wenn Sie das nur aushalten! Übrigens: Ihr Zimmer ist Nr. 43, mittlere Baracke, letztes Zimmer links, da ist noch ein Bett frei. Ihre Stubengenossen sind zwei Arbeiter und ein stud. med. Hoffentlich vertragen Sie sich.“ Ich wollte gehen. „Halt, noch eins,“ rief sie mir nach, „eine Eßmarke können Sie heute noch nicht kriegen, nach unseren Bestimmungen erst, nachdem Sie das erste Mal eingefahren sind.“ „Danke, ich habe noch Wurst genug im Rucksack.“

Dann begab ich mich in die mittelste Baracke, mit jenem leicht unbehaglichen Gefühl in der Magengegend, das man oft empfindet, wenn man vor etwas ganz Neuem steht. Durch die Mitte des Baues zog sich ein schmaler Korridor, rechts und links lagen die Zimmer. Ich öffnete die Tür, auf der in schwarzen Buchstaben dreiundvierzig gezeichnet war – ein Dunstqualm von Tabakrauch schlug mir entgegen. Erst allmählich erkannte ich die Umrisse des Raumes. Das

Zimmer war klein und niedrig, zu beiden Seiten je zwei Betten übereinander – wie im Eisenbahnschlafwagen –, auf denen Strohsäcke lagen. Vor dem großen Fenster stand ein breiter Holztisch, davor vier Holzschemel. Auf dem Tisch, in wildem Durcheinander: Schmöker, Kaffeekrüge, Blechkannen, leergegessene Suppenteller aus Blech. Ein mächtiger Ofen links von der Tür schien rot vor Glut zu sein und strömte eine ziemlich unerträgliche Hitze aus. Vor dem Tische saßen zwei Arbeiter in schwarzen Wollwesten und Hemdsärmeln, aus Pfeifen rauchend – offenbar sehr schlechten Tabak.

Ich begrüßte beide so unbefangen wie möglich und gab jedem die Hand. Der eine war dick, mit kleinen freundlichen blauen Augen und spärlichem Haar auf dem Kopfe („der echte Ehemann," mußte ich unwillkürlich denken), der andere klein, schwarz, vertrocknet, verbissen, mit stechendem Blick.

Sofort entwickelte sich das beste Gespräch. Über alles redeten wir: Lohnverhältnisse, Arbeitsart, die Vorgesetzten, die Kumpels (soviel wie „Kameraden" in der Bergarbeitersprache) usw., alles Dinge, die mich natürlich ungeheuer interessierten. Am meisten redete der Dicke, der Kleine streute ab und zu eine Bemerkung dazwischen und entwikkelte dabei einen trockenen und treffenden Humor. Der Dicke war in der Tat ein Ehemann – wie ich erfuhr, lebte er als „Lediggehender"; durch die Wohnungsnot trennte er sich zeitweilig von seiner Familie, die irgendwo auf dem Lande weilte.

Bald erschien auch mein dritter Schlafgenosse, der stud. med. Wie ein Ringkämpfer sah er aus: plump, o-beinig, mit rundem, etwas brutalem Gesicht und niedriger Stirn. Während ich mich mit den beiden Arbeitern im Laufe der Zeit recht gut einlebte, konnte ich mit dem Studenten, der merkwürdig inhaltslos und erschreckend nüchtern war, obwohl sonst ein gutmütiger und anständiger Mensch, nie in nähere Fühlung treten.

Ich aß nun auch noch mit großem Appetit einige Wurststullen und packte dann meine Habseligkeiten – es war nicht allzuviel – in mein Spind, das sich rechts von der Tür, gegenüber dem Ofen befand. Es war ziemlich spät geworden, und alles begab sich zur Ruhe.

Ich kletterte in mein Bett, das sich auf der rechten Seite über dem Bette des Dicken befand. O Gott, die Luft! Ich glaubte ersticken zu müssen! Unten war sie schon scheußlich, aber hier oben …! Die Ausdünstungen der drei Männer, der Tabakrauch, alles sammelte sich unter der Decke an, und wir Unglücklichen, die oben schliefen (auf der anderen Seite oben lag der Student), hatten allerlei zu ertragen. „Nie halte ich das aus," dachte ich im stillen – und habe es doch ein Jahr ganz gut aushalten können!

Auf meinem Strohsack lagen sackartig zusammengenähte blau-karierte Laken, in die ich hineinschlüpfte; zwei Dekken wärmten gut. Das Kissen, flach wie ein Teller, war mir zu niedrig, durch Unterlegen des Jacketts wurde dem Übelstande abgeholfen. Mit der Hand konnte ich im Liegen die elektrische Birne an der Decke greifen und durch ein kurzes Drehen das Licht löschen. Meine drei Gefährten schliefen schon; sobald sie sich streckten, fielen sie in Schlaf.

Ich lag noch lange wach. Von draußen hörte man dumpfes Maschinenstampfen, auf dem Flur schlürfende Schritte. Nebenbei wurde wohl Karten gespielt: klatschende Schläge und einzelne Stimmen drangen durch die schmale Holzwand, und dann ein lauter Fluch: „Halte doch endlich deine ungewaschene Fresse, du verfluchter Hund!"

Allmählich verhallten die Geräusche und nur das laute regelmäßige Schnarchen meiner Kameraden tönte durch den Raum. Verworrene Bilder stiegen vor mir auf: schwarze gespensterhafte Fördertürme; Schlote; dicke gelbe Nebelschwaden, die träge über zerrissene und zerstampfte Flächen dahinkrochen; bleiche, ausgehöhlte Gesichter – und in meine Ohren klang ein seltsames Brausen, Zischen, Klappern, Dröhnen – meine Sinne schwanden mir und ich sank in tiefen Schlaf.

Fünfhundert Meter unter der Erde

Ein entsetzlicher Krach, wie ein Kanonenschuß, durchriß die Luft. Grell erstrahlte elektrisches Licht über mir. Ich rieb die Augen: Was war geschehen? Wo befand ich mich denn? Und allmählich dämmerte es in mir – „Ah, richtig ... Bergarbeiter ... Ruhrgebiet!"

Trampeln von Fußtritten, Türenschlagen, lautes Fluchen, Kannengeklapper war zu hören. Ich blickte auf meine Taschenuhr: halb fünf. Eine schrecklich abgestandene, süßliche Luft drang in Nase und Mund. Unter mir gähnte es laut – der Dicke wachte auf. Der Kleine streifte sich gerade die Unterhosen über und sah zerzaust und unrasiert aus.

Während ich Socken über die Füße zog, fragte ich noch mit einer vom Schlaf belegten Stimme: „Was war denn das eben für ein scheußlicher Krach?" Der Kleine grinste: „Der Buckel – ah, richtig, du weißt ja noch gar nicht, wer das ist – also der Nachtwächter, der Kerl hat so'n Buckel, daß man sonst nichts von ihm sieht – der haut jeden Morgen mit einem dicken Knüppel an jede Tür, zum Wecken, verstehst du?" „Der macht aber einen verfluchten Lärm, da muß ja jeder Tote aufwachen!" „Ach wo," ertönte eine Stimme unter meinem Bette, „wenn du morgens nicht aufstehen brauchst, Mittagsschicht hast, dann kann man 'ne Bombe neben dir hinschmeißen – du wachst nicht auf! Sieh doch den Studenten oben, der hat heute Mittagsschicht, da kann kein Schwein ihn wecken!" In der Tat lag der Student wie ein Toter da und schien weder von der lauten Weckungsmethode noch von dem Lärm um ihn irgendwie berührt zu werden.

Der Waschraum, der in der Mitte der Baracke lag, war von halbnackten Arbeitern gefüllt. Mit dem eiskalten Wasser, das aus den Kränen spritzte, wusch man sich notdürftig

Gesicht und Hals – kurze Zeit später stand man ja doch im größten Schmutz.

Einer der Stubengenossen mußte immer den Kaffee für alle holen, in dieser Woche war der Kleine an der Reihe. Mit einer großen Blechkanne erschien er bald, gefüllt mit einer schlecht riechenden, heißen, schwarzen Flüssigkeit. „Kaffee" sollte sie darstellen, man hätte ebensogut von „Fleischbrühe", „Kartoffelsuppe", „Pfützwasser" reden können – es blieb sich gleich. Die Arbeiter hatten eine gute Bezeichnung gefunden, sie nannten dieses Getränk „Negerschweiß".

Wir setzten uns an den Holztisch, kauten an dicken Schmalzstullen und schlürften den „Kaffee", der gräßlich nach Metall schmeckte – meine Kameraden ruhig, gleichmütig, ohne ein Zeichen des Abscheus von sich zu geben, während ich nur mit Mühe, Grimassen schneidend, dieses Höllengetränk schluckweise zu mir nehmen konnte. Wie ich hörte, wurde der Kaffee einmal in der Woche am Sonntag gekocht und dann jeden Tag wieder aufgewärmt. In dem Eßsaal befand sich der Kaffeehahn, da konnte man zu jeder Stunde, Tag und Nacht, das Getränk erhalten.

Nachdem wir schweigend unser Frühstück verzehrt hatten, machten sich meine Gefährten daran, große Stullen zu packen und ihre Blechflaschen mit Kaffee zu füllen. Als sie sahen, daß ich keine ähnlichen Anstalten machte, fragte der Dicke: „Na, nimmst du denn nichts zum Fressen mit?" „Ach," meinte ich leichthin, „zum Mittag ist man ja wieder raus, bis dahin werde ich es schon aushalten!" Die beiden Arbeiter schwiegen und sahen sich nur vielsagend an, sie schienen mich einfach für irrsinnig zu halten. Nun waren wir bereit, ich stopfte meine neue Grubenkleidung in den Rucksack und dann ging es los.

Draußen herrschte tiefste Finsternis. Naßkalter Regen rieselte vom Himmel, ein eisiger Wind fegte uns entgegen. Aus den Baracken kamen die Leute, wie wir der Arbeitsstätte zustrebend. Sirenenpfiffe erschollen, das rhythmische Stampfen und Dröhnen der Maschinen durchtönte, wie am vorhergehenden Tage, die Luft. Nur wenige Schritte – da lag unsere Zeche schon vor uns. Drohend schwarz erhob sich der riesige Förderturm, milchig-bleich glänzten stumpf die unzähligen elektrischen Lampen der ausgedehnten Zechenhallen durch die feuchte, neblige Luft. Von allen Seiten strömten Tausende von Bergarbeitern zusammen, bleich, übernächtigt, müde, die Schultern vorgeschoben, den Blick am Boden. Aus dem Schweigen hallte zuweilen ein Fluch. Die blechernen Kannen auf den Rücken klapperten, die schweren Tritte klatschten im aufgeweichten Boden. Eine ungezählte Masse von Menschen quoll durch die Tore der Zechenanlagen. Taghell durch Riesenlampen erleuchtet lagen die Hallen, durch die wir schritten, vorbei an der langen Reihe von Schalterfenstern der Steiger.

Endlich stand ich vor dem Schreibzimmer und meldete mich. Ein hohlwangiger, vom vielen Sitzen schief gewordener junger Mann überreichte mir eine kleine Blechmarke, auf der „2218" eingraviert war. „Das ist Ihre Nummer," sagte der Schreiber.

Nun hatte ich meine Nummer wie jeder andere. Nummer soundso, das stellte man hier dar, damit war man dem Unternehmen einverleibt, ein Glied unter anderen Gliedern. Als Nummer wurde man in den Listen geführt, als Nummer hatte man zu arbeiten, als Nummer wurde man entlohnt. Verunglückte ein Arbeiter, gab es einen Strich durch seine Nummer in den Listen, und die Blechmarke erhielt ein neuer.

Ich bekam den Bescheid, in die 5. Sohle einzufahren, dort sollte ich mich bei dem Schießmeister des Reviers 12 melden, der mir Arbeit anweisen würde. Darauf begab ich mich in die „Waschkaue", so hieß der Umkleideraum, an den sich die Waschhalle anschloß. Es war eine gewaltige, turmhohe

Halle. In langen Reihen, in gleichem Abstand voneinander, hingen Haken von der Decke, die durch Kettenvorrichtungen herauf und herab gezogen werden konnten. An den Haken hing die Grubenkleidung der Bergleute – jeder Mann hatte seinen besonderen Haken –, die jedesmal vor der Einfahrt mit der „Tagkleidung“ gewechselt wurde. Während der Schicht hing dann die „Tagkleidung“ in der Waschkaue. Nach der Arbeit gab es wiederum ein großes Umziehen: die schmutzige „Untertagkleidung“ hängten die Arbeiter an die Haken und zogen sie hoch – bis sie zur nächsten Schicht wieder gebraucht wurde. Durch die hohe Lage – der Raum mochte zehn Meter hoch sein – ließ sich ein schnelleres Trocknen erreichen. Einen seltsamen Anblick boten die unzähligen Hosen und Jacken, die dicht unter der Decke hingen und hoch oben hin und her schaukelten, als ob Tausende von Erhängten baumelten!

Im Augenblick hatte ich meine „Tagkleidung“ vom Körper und streifte die Grubenkleidung über: derbes Arbeitshemd, blau-leinene Hose und Jacke, alte Soldatenstiefel; als Kopfbedeckung den sogenannten „Speckdeckel“, eine runde schirmlose Militärmütze, die von den meisten Bergleuten getragen wurde, da sie leicht und bequem war und vor herabfallenden kleineren Steinen oder Geröll einigen Schutz bot. Ich hing die ausgezogenen Sachen an meinen Haken, zog ihn empor und eilte aus der Waschkaue, um meine Grubenlampe in Empfang zu nehmen.

Die Lampen wurden an einer Stelle der Durchgangshalle verteilt, jede war numeriert und mußte mit der Nummer des Empfängers übereinstimmen. Ich schrie: „2218“ und sofort drückte mir ein junger Bursche eine Grubenlampe in die Hand. Die war nicht schwer und handlich, Benzin speiste die kleine Flamme.

Nun strömte alles durch schmale Gänge mit eisernen Stufen zu der „Hängebank“, wo die Verladung in die Fördertürme vonstatten ging. Breit und hoch lag die Halle der Hängebank ausgebreitet. In der Mitte gähnte die Öffnung des Schachtes, der hier mündete. Riesige stählerne Förderkörbe glitten unaufhörlich abwechselnd in die Höhe und Tiefe; die Seile, die die Körbe hielten, wurden von einer gewaltigen, rotierenden, elektrisch betriebenen Trommel in stete Bewegung gesetzt. Jeder Korb hatte vier Etagen, „Sätze" genannt, und konnte 50 Mann tragen. Die Sätze waren so niedrig, daß man in gekauerter Stellung sitzen mußte, nur der oberste Satz bot Platz zum Stehen.

Zwei lange Ketten wartender Arbeiter standen bereits vor uns. Ich stelle mich hinten an. Jedesmal wenn ein Korb gefüllt war, gab es ein Glockenzeichen und der Korb sauste hinab, gleichzeitig ging ein anderer in die Höhe und die Verladung wurde fortgesetzt. Vor dem Einsteigen mußte jeder Bergmann seine Kontrollmarke dem „Hängebankmeister" abgeben; dieser zog die Marke – jede hatte ein Loch in der Mitte – über einen Draht. Nach Schichtende wurden die Marken unten am Schacht verteilt, so daß die Auffahrt sich genau in der selben Reihenfolge vollzog wie die Einfahrt.

Es gab Arbeiter, die aus altem Aberglauben nur mit dem ersten Förderkorb einfuhren. Ich lernte einen alten Bergmann kennen, der sein Leben lang nur mit dem ersten Korb gefahren war; einmal kam er zu spät und konnte den ersten nicht mehr erreichen – da feierte er, keine zehn Pferde hätten ihn an diesem Tage hinunterbekommen.

Hier oben auf der Hängebank wehte eisige Luft, sie drang stechend durch unsere dünne Kleidung. Endlos lange schien das Verladen zu dauern. Endlich stand ich vor dem Korb, drückte dem Hängebankmeister meine Marke in die Hand und kroch in die schmale Öffnung eines Satzes. Zusammengepreßt wie Heringe hockten wir auf den schmalen Schienen am Boden, Mann an Mann, die Beine hochgezogen, die

Grubenlampen dazwischen geklemmt. Von der Stahlwand des Korbes, an die wir uns lehnten, tropfte es ständig; auch die Schienen waren naß und eiskalt.

Knatternd sausten die Gitter-Falltüren nieder – ein scharfer Glockenschlag, und mit einer Geschwindigkeit von acht Metern in der Sekunde stürzten wir in den Abgrund, daß mir die Sinne schwanden. Ein ähnliches Gefühl wie beim Niederfahren im Fahrstuhl durchströmte mich, nur hundertmal intensiver: ein Ziehen im Unterleib, ein Klingen in den Ohren! Es krachte, polterte und klirrte, pfeilschnell glitten glänzend-glitschige Wände, Steine, elektrische Glühlampen vorbei. Eisige und glühende Luftwellen überhauchten uns. Die 2., 3. und 4. Sohle zischte vorüber – ein mächtiger Ruck, wir standen am Ziel: 5. Sohle – 500 Meter unter der Erde!

Lahm und zerschlagen kroch ich aus meiner Höhle. Von der Steindecke des großen Schachtgewölbes glänzten elektrische Lampen, taghell den Raum durchflutend. Nach allen Seiten zogen sich die Hauptgänge, die „Förderstrecken“ hin. Ähnlich wie ein Haus durch Stockwerke in verschiedene Abteilungen zerlegt wird, geschah das im Bergwerk durch die Sohlenbildung. Durchschnittlich lagen die Sohlen 100 Meter untereinander. Es gab noch zwei Sohlen unter uns: eine 6. und 7., letztere war im Entstehen begriffen und lag etwa 7–800 Meter unter der Erdfläche.

Die Förderstrecken waren gut ausgebaut und dienten in erster Linie für den Transport der Kohle zum Schacht. Auf den Schienen, die in der Mitte am Boden der Strecke sich hinzogen, brachte die mit Preßluft betriebene Fördermaschine die gefüllten Kohlenwagen an den Schacht und leere wieder nach hinten. Hier unten war die Luft künstlich, feuchtwarm, wie in einem überheizten Badezimmer oder Gewächshaus, doch gemildert durch einen kühlen Zug vom Schacht.

Ich fragte den nächsten Arbeiter, einen graubärtigen Bergmann, nach Revier 12. „Revier 12? Ja, 's liegt 'n gutes Stück von hier, fast zwei Kilometer. Komm 'n Stück mit, später mußt du abbiegen."

Wir gingen schweigsam. Etwa zehn Meter noch brannten Lampen von der Oberdecke, dann wurde es ganz dunkel, nur unsere Grubenlampen warfen einen matten Schimmer, der knapp ausreichte, die allernächste Umgebung in den Umrissen zu erkennen. Ein seltsames Klingen lag in der Luft. Wie Glühwürmer leuchteten die Lampen der Arbeiter, die vor uns gingen. Bergleute von der Nachtschicht, mit geschwärzten, müden Gesichtern, kamen uns entgegen. Ein kurzes „Glückauf!" – dann verhallten ihre Schritte hinter uns.

Der Gang war breit und hoch, in kurzen Abständen erkannte man seitwärts die Stempel – dicke, kräftige Holzstämme, die die Decke trugen. An „Ascheschränken" kamen wir vorbei: Gestellen mit übereinander liegenden Brettern, mit loser Asche bedeckt. Bei schlagenden Wettern oder Gasentladungen wurde dann die Asche in die Luft gewirbelt und verhinderte so das Verbreiten der gefährlichen Gase.

Endlich bog sich der Gang nach zwei Seiten. „So, hier geradeaus," zeigte mein Begleiter nach links, „noch ein gutes Stück, dann kommst du schon hin. Frag nach dem Schießmeister Karl, der sagt dir schon Bescheid. Glückauf!" Er bog in die Nebenstrecke ab.

Nun wanderte ich allein. Immer dumpfere, heißere und feuchtere Luft umfing mich. Von den naßglatten Wänden rieselten Tropfen. Hohl tönten meine Schritte im Raum. Stellenweise senkte die Decke sich so tief, daß ich mich stark bücken mußte. Über die Schienen huschten riesige, graue Ratten. Plötzlich tönte vor mir ein immer lauter werdendes Brausen und Zischen – ein grelles Pfeifen: der Zug kam rasselnd angefahren. Ich drückte mich hart an die

Wand, haarscharf klapperten die niedrigen Wagen vorbei. Auf der Maschine hockte ein kleiner, buckliger Kerl, der wie ein Kasperle aussah. Er schrie mir etwas zu, die Hände an den Mund gelegt, doch das Poltern der Räder verschlang die Worte. Dann war alles vorbei, hinter mir blinkte noch kurze Augenblicke die rote Lampe, die an dem letzten Wagen hing, dann verschwand sie in der Nacht. Langsam verklang das Rasseln und Klirren. Wieder herrschte lastende Stille. Der Weg schien mir unendlich.

Da – blitzen vorne kleine Funken auf: Grubenlampen! Dort mußte das Ziel sein. Noch einige Schritte und ich stand vor mehreren Männern. „Glückauf, ist hier der Schießmeister?“ – „He, Karl!“ rief eine heisere Stimme, und vor mir tauchte ein kleiner, eisgrauer, zusammengeschrumpfter Mensch auf, der wie ein Gnom aussah mit uralten, verwitterten Zügen und Riesenfäusten. Das war der „Schießmeister“, der sämtliche Sprengungen im Revier ausführte und im gewissen Sinne den Steiger vertrat. Ich glaubte vor einem Achtzigjährigen zu stehen – wie ich später erfuhr, war er erst 45 Jahre alt; die 30 Jahre, die er in der Grube gearbeitet hatte, hatten seinen Körper und seine Kräfte schnell verbraucht. „Bist der Neue, gell? Gehst mit dem Franz. Hallo, Franz, da ist dein neuer Kumpel!“ Im schwachen Lampenlicht sah ich einen dürren, langen Bergmann auf mich zutreten. Aus scharfem, hagerem Vogelgesicht mit kurzem, rotem Schnurrbart funkelten intelligente Augen. Sein Hemd stand offen, ein Gewühl von zottigen roten Haaren baumelte von der Brust. „Komm,“ brummte mein künftiger Arbeitsgefährte kurz und schritt voran.

Wir gingen eine Strecke denselben Weg zurück. Vor einem Gang, der sich rechts steil nach unten hinzog – hier sahen wir nur eine schwarze, gähnende Öffnung –, blieb er stehen. Gegenüber auf der anderen Seite, in die Steinwand hineingebaut, lag eine Art Windemaschine, die „Förderhaspel“. Franz zeigte auf die Querstrecke. „Die Sache ist so: von hier bis zur 6. Sohle geht 'n ‚Überbau für Wetterführung', das heißt Luftdurchzug, verstehst du? Das Zeug ist schon vor langer Zeit gebaut worden, und allmählich ist der ganze Mist zusammengekracht. Nu soll die Strecke wieder instand gesetzt werden. Die Steine und der Dreck müssen rausgeschafft werden, neue Stempel und Verbau müssen wir setzen und so'n ähnlichen Kram. Hier mit der Bremse" – er zeigte auf die Förderhaspel – „ziehen wir den vollen Holzteckel hoch, laden ihn in 'n großen Wagen um und lassen ihn wieder runter. Die vollen Wagen hier oben nimmt dann Jakob (so hieß der bucklige Lokomotivführer), wenn er zum Schacht fährt, mit. Fünfzig Meter hat's ungefähr schon geschafft und noch liegt verdammt viel vor uns!" Franz sprach im harten schlesischen Dialekt in einer merkwürdig sachlichen und dozierenden Art. „Mit dem werde ich mich gut verstehen können," dachte ich im stillen.

Er schloß eine Holzkiste auf, die neben der Bremse stand, und nahm die „Gezähe" – so hießen die bergmännischen Werkzeuge wie Keilhaue, Fäustel, Spitzhammer (Hacke), Schippe usw. – hinaus. Jeder von uns nahm einige Werkzeuge und nun krochen wir den niedrigen, schmalen Gang hinunter. Es ging sehr mühselig: die Strecke wollte kein Ende nehmen. Immerzu stieß ich mit dem Kopf an die Decke. Einzelne Stellen hingen so tief, daß wir nur auf allen Vieren kriechend weiter kamen.

Als wir endlich die fünfzig Meter geschafft hatten, fühlten wir uns in Schweiß aufgelöst. Verschnaufend setzten wir uns auf einen Stein. Die Strecke war hier so hoch, daß man gebückt stehen konnte. Auf den schmalen Schienen, die bis hierher gelegt waren, stand ein breiter, niedriger Holzwagen, der am Seile der oberen Bremse festhing. Im Umkreise am Boden lagen Steine, Geröll, altes Holz, Sand, einige zurechtgestutzte Stempel und Halbhölzer (dicke Bretter) für den Verbau. Die Temperatur mochte etwa 30 Grad betragen. Wir zogen Hemd und Jacke aus und waren nur noch mit der Hose bekleidet, die von einem Ledergürtel festgehalten wurde. Der Schweiß rann über Gesicht und Körper.

Franz nahm seine eingewickelten Butterbrote und befestigte sie mit einem Draht in der Mitte eines Halbholzes, quer über uns. „Von wegen der Ratten," sagte er. „Ja, ich habe auch schon oben welche laufen sehen, gibt es viele?" fragte ich. „Satt! Manche sind zahm. Da hat's einen, Wilhelm in der 6. Sohle, der hat 'ne zahme. Jeden Tag zum Buttern (so hieß die Frühstückspause) kommt das Biest und frißt ihm aus der Hand. Der ist schon acht Jahre am selben Ort in Arbeit – jeden Tag kommt die Ratte zu derselben Stunde!" Mein Arbeitsgenosse drückte mir eine Schippe in die Hand. „Lad mal den Wagen voll, ich setze unterdessen 'n Stempel."

Ich nahm die Schaufel, stieß sie in das Geröll und suchte sie zu heben – verflucht, war das schwer! Dicke Steine rollten zu beiden Seiten der Platte hinunter. Auf halbem Wege ließ ich die Schaufel wieder sinken. Verdammt, verdammt! Ich biß die Zähne aufeinander, riß mich zusammen und schippte abermals – ich ächzte, stöhnte, keuchte – aber es gelang: die Schaufel kam über den Wagen, der Inhalt rasselte nach einer kleinen Drehung hinein. Zehnmal gelang es mir – dann fühlte ich mich ausgepumpt und erledigt. Der Schweiß strömte über das Gesicht, daß ich die Augen kaum öffnen konnte, der ganze Körper brannte.

„Junge, Junge, so wird's gemacht!" sagte Franz, nahm die Schippe und arbeitete. Es ging fabelhaft. In kühnem Schwung flogen Steine und Geröll in den Teckel; in der Zeit, in der ich fünfmal schaufelte, hatte er die Schippe mindestens zwanzigmal entleert. Der Wagen war nun schon halbvoll. Ohne irgendein Zeichen der Abgespanntheit übergab er mir die Schaufel. „Na, lernst's auch noch!"

knurrte er und machte sich weiter am Holz zu schaffen. Wieder ging ich mit aller Energie ans Werk und siehe da – es ging! Ich setzte die Schippe fest und tief ein, schwang sie möglichst weit durch die Luft und fühlte neue Kräfte.

Endlich konnte ich triumphierend die Schaufel niedersetzen: der Wagen stand voll! Mit mir war es aber auch zu Ende. Kaum konnte ich noch stehen, vom ständig gebückten Arbeiten schmerzte der Rücken, und ich mußte nach Luft jappen. „Ich geh nu rauf," ertönte die Stimme meines Kumpels, „ich zieh den Teckel nach oben, lad ihn um und laß ihn wieder runter. Dann komm ich wieder zurück. Hacke solange den Boden weich!" Er steckte sich ein neues Stück Kautabak zwischen die Zähne, nahm seine Grubenlampe, die an einem Stempel befestigt war, und setzte sich in Bewegung.

Ich beklopfte nun den harten Boden mit dem Spitzhammer. Es fiel nicht ganz so schwer wie das Schippen, aber die Hände brannten bald unerträglich und kleine Steinfetzen sprangen fortwährend in das Gesicht, die Haut aufritzend. Schlimm wirkte die Dunkelheit. Die eine Lampe warf so trüben Schein, daß kaum etwas zu erkennen war.

Nach einiger Zeit kam Franz wieder heruntergekrochen. „'s ist Zeit zum Buttern!" Von 10 Uhr bis 10 Minuten nach 10 fand die Frühstückspause statt. Wir setzten uns auf einen alten Stempel, der am Boden lag. Ich hatte einen mächtigen Hunger und vor allem einen scheußlichen Durst. Die Kehle schien ausgetrocknet. Wie sehnte ich mich nach dem nach Metall schmeckenden „Negerschweiß" von heute morgen! Franz hatte ein Einsehen. „Junge, Junge, ohne Fressen einzufahren, da gehört schon was zu!" Er gab mir eine seiner dicken Stullen, und nachdem er einen kräftigen Schluck aus seiner Blechflasche getan hatte, durfte ich auch einige Züge nehmen. Ah, wie das wohl tat! Mit wahrer Wollust fühlte ich die Flüssigkeit durch die trockene Kehle rinnen.

Der Kaffee mochte nicht besser sein als die Brühe im Ledigenheim – was tat es, ich merkte nur glücklich, wie der brennende Durst nachließ!

Die Lampen standen vor uns auf dem Boden, matt glänzend, Totenstille um uns. Weit oben dröhnte der gerade vorbeifahrende Zug nach dem Schacht. „'s ist 'ne schöne Arbeit hier," vernahm ich die sachlich dozierende Stimme meines Kumpels, „hab' fünf Jahre auf Sohle 6 als Hauer vor der Kohle gelegen – verdammte Schinderei! Hier ist's 'n richtiger Erholungsposten." – „Wie muß dann die andere schwere Arbeit aussehen, wenn er das hier leicht nennt!" dachte ich mit Schrecken. „Bist wohl einer von der Schule?" – „Ja, ich habe studiert." – „Da schmeckt dir das wohl bitter. Hier war auch so 'ne Marke, ein baltischer Baron – Student –, hat's aber nicht lange ausgehalten." – „Ich bin auch Balte." – „Auch so'n Baron?" – „Ja, so ungefähr: Graf!" Franz kratzte sich den Schädel: „Verflucht, verflucht! Ihr seid 'n verfluchtes Gesoks! Hat man euch auch vor die Türe gesetzt?" – „Ja, unser Gut wurde enteignet und wir mußten fliehen." – „Geschah euch ganz recht, ihr verdammten Hunde. Habt bisher immer das Volk ausgesogen, nun schmeißt es euch raus!" –

„‚Das Volk' – wie du sagst – die Bauern haben wohl wenig Freude am neuen Zustand. Jeder Bauer hat ein so großes Stück Land erhalten, daß er es allein nicht bebauen kann, da er keine weiteren Hilfskräfte hat. Zwei Drittel des Landes liegen so brach. Früher konnte der Gutsbesitzer den Bauern unter die Arme greifen und sie unterstützen. Auch der Staat hatte größere Einnahmen durch den Großgrundbesitz als durch die vielen kleinen Besitzer, die kaum ihren eigenen Kram erledigen können. Glaub mir, die Bauern wünschen sich ganz gerne die früheren Zeiten herbei. Wenn's auch viele Not gab, besser als jetzt standen sie sich gewiß. Warum finden denn an allen Ecken und Kanten in

Rußland Bauernaufstände statt? Nur mit blutigen Maßnahmen und Terror gelingt es der Regierung, die Bauern in Schach zu halten.“ – „Ach was, ’s ja alles gelogen, was du sagst. Du siehst die Sache eben so an, wie es dir als Junker paßt. Sie haben wohl schlimm unter euch gehaust? Aber da seid ihr selbst schuld, ihr dummen Luder; hättet ihr keinen Widerstand gegen das Volk geleistet, wäre euch kein Haar gekrümmt worden und die Sowjetregierung hätte euch in den Dienst des Volkes gestellt.“

„Überlege doch, was du sprichst,“ entgegnete ich, „nimm mal an, daß zu dir Banditen in die Wohnung kommen und dir das letzte Zeug klauen wollen. Wirst du da dabei stehen, die Hände in den Taschen, zusehen und sagen: hier und da liegt noch was, vergeßt’s ja nicht mitzunehmen!? Oder würdest du nicht versuchen, die Bande dir vom Leibe zu halten? Na, genau dasselbe war es bei uns. Die Bolschewisten wollten unseren Besitz, unser rechtmäßiges Eigentum rauben – und wir wehrten uns selbstverständlich dagegen, solange wir konnten. Ich habe über ein Jahr in der Weißen Armee, der baltischen Landeswehr, gegen die Bolschewisten gekämpft.“

„Das ist nicht dasselbe, Gott verflucht noch mal!“ schrie nun Franz, „meine Klamotten, dieses bißchen Dreckzeug, das ich habe, mußte ich mir erschuften durch ganz verdammte Arbeit, jedes einzelne Stück, verstehst du? Und ihr? Eure Vorfahren haben das Land zusammengeraubt und gestohlen, ihr habt’s geerbt und lebt nur von der Ausbeutung der Bauern, die nichts haben und bis zum Verrecken für euch schuften müssen. Das Land ist eben nicht euer rechtmäßiges Eigentum, es gehört allen Menschen, ihr habt’s euch nur geschnappt. Nun holen die Bauern zurück, was ihnen gehört! Und so machen wir es auch hier mit der ganzen Saubande von Kapitalisten, die uns von oben bis unten bescheißen! Die dummen Proletarier sind selbst schuld daran, wenn sie's sich gefallen lassen. Aber einmal kommt der Tag, da wird mit dem Gesoks aufgeräumt und die Proleten arbeiten für sich und nicht mehr für die Ausbeuter. Rußland ist mit dem Beispiel vorangegangen: da haben sie die ganzen verfluchten Blutegel zum Teufel gejagt und nun herrscht dort das freie Proletariat!"

„Du scheinst dir ja eine merkwürdige Vorstellung von Rußland zu machen!" ergriff ich wieder das Wort. „Die Zeitungen und Broschüren, die du liest, haben ja wohl das Blaue vom Himmel herunter gelogen! Die alte Gesellschaft hat der Bolschewismus ja gänzlich vernichtet, aber dafür hat sich eine neue Oberschicht von Kapitalisten gebildet, die das Volk so schamlos aussaugt, wie es nie zuvor geschehen ist! Alle schönen Phrasen, wie ‚Herrschaft des Proletariats' usw., sind nur ein Deckmantel, nach außen, unter dem es sich um so besser räubern läßt. Und die Wirtschaftsmethoden? Lenin hat zum großen Teil wieder die alten, kapitalistischen eingeführt, und nur so ist es ihm gelungen, daß das Land nicht vollständig zum Teufel ging. Mit dem marxistischen Programm sind sie also bös reingefallen! In Deutschland – bei der geographischen und politischen Lage würden solche Experimente aber noch ganz andere katastrophale Folgen haben!" Und nun sprach ich über den Bolschewismus aus eigener Erfahrung: schilderte die entsetzlichen Greueltaten an wehrlosen Menschen, sprach über die Hungersnot und das Elend, das einbrach, wo die Bolschewisten Fuß faßten, über den Jubel der Bevölkerung, wenn die Weiße Armee als Befreier kam, über den Terror der Bolschewisten, die Unterdrückung jeder freien Meinung und Opposition, und zeichnete möglichst plastisch und lebendig die ganze, große Kulturschande, die der Bolschewismus darstellt.

Mein Kumpel hörte mit gesenktem Kopfe zu. „'s ist ja Mist, 's ist ja Mist!" murmelte er vor sich hin. „Das ist ja logisch," erhob sich seine Stimme wieder, „ohne Blutfließen geht's eben nicht ab, mit Sammetpfötchen kann man die Brüder eben nicht anfassen. Da mögen schon manche Ungerechtigkeiten vorgekommen sein, das läßt sich mal nicht vermeiden! Wenn wir mit den verfluchten Hunden einmal abrechnen werden, den Stinnes, Thyssen und Konsorten, wird's auch nicht zart zugehen! Aber wenn die Proleten sich befreien wollen, können sie keine Schlummerlieder singen und auf alte Tanten Rücksicht nehmen!"

In dieser Bahn bewegte sich unser Gespräch. Wir kamen oft hart aneinander, schrien uns an – dann ging es wieder in eine mehr sachliche Tonart über. Jeder suchte den anderen zu überzeugen – vergeblich, keiner verließ seinen Standpunkt. Im Innern erkannten wir wohl gegenseitig die Berechtigung der verschiedenen Auffassungen an: er erkannte sicher, daß ich von meinem Gesichtskreis aus ein anderes Weltbild haben mußte als er, und ich mußte mir wieder im stillen sagen, daß in ihm als Proletarier, unter den Umständen, in denen er lebte, die Dinge der Welt sich ganz anders spiegeln mußten.

Die Frühstückspause war reichlich überschritten. Franz faltete sorgsam das alte Zeitungspapier zusammen, in dem er seine Brotschnitten eingewickelt hatte, und steckte es in die Tasche der angehängten Jacke. Dann ächzte er, gähnte, schob ein neues Stück Kautabak zwischen die schwarzen Zahnstummel – durch Gewohnheit des Tabakkauens haben fast alle Bergleute verfaulte Zähne – und es ging wieder an die Arbeit. In derselben Weise: Hacken, Schippen, Wagen-Heraufziehen, Umladen, Herunterlassen, und wieder Hacken, Schippen! Alle meine Glieder schmerzten: der Kopf, die Beine, die Arme, der Rücken. Das Schippen in gebückter Stellung strengte namenlos an.

Die Zeit schlich langsam dahin. Es mochte gegen halb eins sein, als unten in der Strecke ein Lichtpunkt aufblitzte. „Der Steiger!" brummte mein Arbeitsgenosse.

Das Revier 12 umfaßte Teile der 5. und 6. Sohle. Der Steiger kontrollierte gewöhnlich zuerst die Abteilungen in der 6. Sohle und dann begab er sich durch irgendeinen Überbau zur 5. Sohle. Die Wanderung durch unseren Überbau mußte sehr mühselig sein, da die Strecke fast vollständig verschüttet war und man durch lauter Trümmerhaufen durchkriechen mußte.

Das Licht wuchs zusehends, und bald stand der Steiger Balthmann vor uns. Ich erkannte einen kleinen, stämmigen Mann mit stechenden grauen Augen und einem schwarzen Schnurrbart, der ihm über die Lippen hing. In der Hand hielt er einen langen Stab. „Glückauf!" Einige kurze Worte – er fragte nach dem Fortschreiten der Arbeit und sagte mir, daß er hoffe, daß ich mich bald einarbeiten würde –, dann kletterte der Steiger weiter. Kurze Zeit blinkte noch seine Grubenlampe, doch bald verschwand sie im schwarzen Dämmer.

„Ein feines Aas, dieser Balthmann," sagte Franz, ein Loch für den Stempel in den Boden hackend, „vor dem haben wir schon Respekt. Verlangt verdammt viel, aber kann auch was, legt auch mal selbst mit Hand an, wenn's sein muß. Aber 'n verflucht jähzorniger Bursche, wenn der mal in Wut kommt, Junge, Junge! Hat schon mit manchem Kumpel sich rumgedroschen!" Ich hörte, daß der Steiger im ganzen Revier bekannt sei durch sein unflätiges Schimpfen: wenn er in Zorn käme, entströme solch eine Springflut von wüsten und gemeinen Schimpfworten seinem Mund, daß selbst die abgebrühtesten Burschen einfach sprachlos wären. Doch trüge er niemandem etwas nach: wenn er eines Tages einen Mann abkanzelte – am nächsten sei alles vergessen. So hatte Balthmann die richtige Art gefunden, mit den Arbeitern umzugehen.

Die Arbeit ging weiter. Ich fühlte, wie nun meine Kräfte allmählich nachließen. Lange konnte ich es nicht mehr ertragen: Schmerz, Müdigkeit und Hitze drohten mich einfach umzuwerfen! Da hörte ich die Stimme meines Kameraden: „Kumpel, guck mal, was die Uhr ist." Ich hinkte zum Stempel, an dem meine Jacke hing, und griff nach meiner Taschenuhr: „Halb eins." – „Schicht!" rief Franz. Ich atmete auf, Gott sei Dank! Noch einige Minuten und ich wäre einfach umgekippt.

Von ein Uhr an begann die Auffahrt, und man mußte sich beeilen, um zur rechten Zeit am Schacht zu sein. Wir zogen Hemd und Jacke über die schweißtriefenden Körper, nahmen die Spitzhammer und Schippen und krochen die Strecke hinauf.

Als wir auf der Förderstrecke anlangten, schmerzten meine Knochen so, daß ich aufstöhnte! In die Gezähekiste legte Franz unsere Werkzeuge und schloß sie sorgfältig ab. Von hinten in der Förderstrecke blitzten wie Glühwürmer viele Lichtpunkte auf – die Bergleute strömten zum Schacht. Wir schlossen uns an.

Nach einer mir endlos scheinenden Wanderung – wie köstlich war es, wieder gerade gehen zu können – traten wir in den hellen Schein der zahlreichen, großen elektrischen Lampen des Schachtgewölbes. Nun erst im hellen Licht konnte ich die Bergleute deutlich sehen – welch ein Bild! Wohin man sah: kohlrabenschwarze Menschen! Gesicht, Brust, Hände waren von einer dicken, schwarzen Kohlenschicht belegt, nicht ein Hautfleck mehr rein. Wie Schornsteinfeger sahen wir aus: alles schwarz, nur das Weiße der Augäpfel blitzte gespensterhaft aus dem dunklen Gesicht. Wahrlich, ein grotesk-schauriger Anblick: ich glaubte in der Hölle zu stehen, von lauter Teufeln umgeben. Viele Hunderte von Arbeitern drängten sich hier am Schacht. Während am Morgen bei der Einfahrt alles still, stumm und mißmutig dahinging, herrschte jetzt laute, ausgelassene Stimmung. Witzworte, Gelächter, derbe Flüche erschallten.

In der Mitte des Raumes saß auf einem großen Holzwagen, die Beine übereinander geschlagen, das bucklige Kasperle, der Maschinenführer Jakob, und verteilte die Kontrollmarken. Mit hoher, schriller Stimme schrie er die Nummern aus. Die Bergleute, die ihre Nummer erhalten hatten, stellten sich in die wartende Reihe vor den Förderkorb. Endlich bekam ich meine Marke 2218 in die Hand gedrückt und konnte mich bald in den untersten Satz des Korbes zwängen. Wieder klang das Klingelzeichen – in sausender Fahrt zischte es nach oben. Weiß Gott, es war mir anders zumute als bei der Einfahrt!

Ein harter Ruck – wir befanden uns „über Tag“! Knatternd gingen die Falltüren in die Höhe, wir quetschten uns aus unseren Höhlen … Tageslicht strahlte uns entgegen! Wer beschreibt das Wonnegefühl, das den Bergmann durchdringt, wenn seine müden Augen nach langer Arbeit in schwarzer Nacht von den ersten Strahlen des Tages getroffen werden? Es ist der Höhepunkt im täglichen Leben der Arbeiter. Die trübsten Augen glänzen, die schlaffsten Körper strecken sich! Freilich, es war nur trübes Licht, das von dem grauen, nassen Tag draußen durch die breiten, von Ruß und Schmutz fast völlig verkleisterten Glasscheiben der Hängebank hineinschimmerte … aber es war Tageslicht!

Das Klappern und Trampeln Tausender schwerer Tritte, die Eisentreppe hinunter, durch die langen Hallen zur Waschkaue, erfüllte mit ohrenbetäubendem Lärm die Luft. Bergleute der Mittagsschicht kamen uns bleich und mißmutig entgegen.

Die Lampe lieferte ich ab und stürzte mit den anderen in die Waschkaue. Im Nu streifte ich die naß-dreckige Kluft vom Leibe – nackend rannte ich in die langgezogene, riesige Waschhalle. Aus unzähligen Duschen hoch oben an der Decke spritzte und strömte heißes Wasser. Tausende von nackten Männerkörpern füllten den großen Raum.

Es wusch sich leicht, der Kohlenstaub ging weit leichter als Erdenschmutz herunter. Immerhin konnte man mit einem Stück Seife höchstens drei Tage auskommen. Wer den Rücken gewaschen haben wollte, stelle sich breitbeinig gebückt vor jemand hin und rief: „Buckeln!" Der Angerufene scheuerte dann gründlich den Rücken und ließ sich dann ebenfalls „buckeln". So half einer dem anderen.

Gereinigt rannte ich zurück in den Ankleideraum. In kurzer Zeit stand ich angekleidet da und zog meine Grubenkleidung am Haken empor. Endlich konnte ich das Zechengebäude verlassen und nach draußen treten. Die erste Arbeitsschicht lag hinter mir. Ich fühlte mich als Bergmann.

Wie am Morgen war alles grau und trüb. Der leichte Regen plätscherte immer noch, der Boden stand aufgeweicht. Aus dem Zechentor quoll nun die Masse der Bergleute hinaus. Die Gesichter bleich und verarbeitet, aber nicht so hart wie am Morgen. Einige Weiber holten ihre Männer ab, überall hörte man Schwatzen und Lachen. Schwarz stand der Förderturm vorm grauen Himmel, aber er schien nicht mehr zu drohen.

Im Ledigenheim herrschte reges Leben: die zurückgekehrten Leute der Morgenschicht holten ihr Essen. Meine beiden Stubenkameraden, die beiden Arbeiter, waren schon da, der Student hatte Mittagsschicht. Ich wurde mit großem Hallo empfangen: „Na, wie hat's geschmeckt?" – „Verdammt schwer war es ja, das muß ich zugeben – aber es geht schon!"

Dann nahmen wir unsere Blechschüsseln, um das Mittagessen zu empfangen. Die Eßmarke erhielt ich anstandslos am Schalter und begab mich in den Eßsaal, wo schon viele hungrige Wartende vor uns standen. Eine dicke Kochfrau schüttete jedem Mann nach der Reihe heiße Suppe in die Schale. Alles aß in den Zimmern; im Speisesaal, der ungeheizt und ungemütlich war, hielt sich ungern jemand auf. Nur einen uralten Bergmann sah ich regelmäßig jeden Tag einsam an dem langen Holztische sitzen und laut schmatzend sein Mahl verzehren. Als zweiten Gang gab es ein großes Stück Fleisch, einen unheimlichen Haufen von Kartoffeln und Kohl. Das Essen war gut, kräftig und reichlich. Messer und Gabel kannte man nicht: Kartoffeln und Kohl aß man mit dem Löffel, das Fleisch mit der Hand. Selten hat mir etwas so gemundet wie dieser Mittag nach schwerer Arbeit.

Nachdem wir alles vertilgt hatten, spülten wir unsere Schüsseln unter dem Kran. Meine Kumpel legten sich zum Mittagsschlafe auf ihre Betten. Ich widerstand der Versuchung; ich kannte das: wenn ich erst einmal lag, stand ich nicht mehr so leicht auf und war dann später den ganzen Rest des Tages müde und zerschlagen. Lesen wollte ich, irgend etwas, um wenigstens geistig für kurze Zeit aus dieser Atmosphäre hinauszukommen. Ich schnüffelte nach Büchern: entsetzlich – auf dem Tische lagen übelste Schmöker, Kriminal- und Abenteuergeschichten, und in einer Ecke, siehe da, „Vergib Lori!“ von Hedwig Courths-Mahler! Der Student hatte nur medizinische Bücher, die mich nicht weiter reizten.

Ich erfuhr, daß in der Nähe, in Duisburg-Beeck, eine gute staatliche Bibliothek sei. Sofort machte ich mich auf den Weg. Ein hochgeschlagener Mantel verbarg meinen kragenlosen Zustand.

Beeck lag etwa eine halbe Stunde entfernt. Trostlos die Gegend: öde, häßlich, reizlos. Die Bibliothek übertraf meine Erwartungen. Gegen geringe Monatszahlungen stand eine gute Auswahl von Büchern zur Verfügung. Ich suchte mir den zweiten Band von Spenglers „Untergang des Abendlandes“, den ich noch nicht kannte, die Literaturgeschichte von Soergel und den „Zarathustra“, den ich nach langer Zeit einmal wieder mit Muße genießen wollte, heraus.

So bepackt, nach Erledigung noch einiger wichtiger Besorgungen, kehrte ich nach Hause zurück. Es war schon dunkel geworden. Meine Kumpel tranken den berühmten „Negerschweiß“, nach dem ich eben nicht die geringste Lust verspürte – nur mit ausgebrannter Kehle schmeckt einem alles. Ich setzte mich an den Tisch und las in meinem „Untergang“, während der Dicke Courths-Mahler herannahm und der Kleine sich in ein Detektivheft vertiefte. Die Zeit verstrich schwindelnd schnell. Plötzlich war es sieben Uhr und Zeit zum Abendessen. Es gab eine gute Erbsensuppe und ein großes Stück Wurst.

Nach dem Essen überkam mich eine starke Müdigkeit, ich zog mich aus, kroch in den blau-karierten Leinensack und versuchte noch etwas in der Literaturgeschichte zu blättern. Vergeblich – die Augen fielen mir zu, und ehe ich es versah, lag ich im Schlaf. Einen Augenblick erwachte ich, als der Student gegen halb zehn von der Mittagsschicht heimkehrte. Sofort dämmerte ich wieder ein, sah vor mir Franz stehen, mit roten, zottigen Haaren auf der Brust und schwarzen Zahnstummeln, und hörte seine sachliche, dozierende Stimme eine kommunistische These erklären. Dieses Bild verblich schnell, kein Geräusch der Umgebung drang mehr zu mir: ich lag wie ein Toter, fest, traumlos. –

So erlebte ich den ersten Tag als Bergmann!

Unter den Kohlenhauern

In rasender Eile verströmte die Zeit, die Tage flossen wie Sekunden dahin in ihrer einförmigen Gleichmäßigkeit: morgens das lärmende Wecken, hastiges Kaffeetrinken, Weg zur Zeche, Einfahrt, endloses Wandern durch dunkle Strecken zur Arbeitsstätte. Dann die Arbeit: Steine Schippen, Graben, Hacken, das Buttern mit politischen Streitreden, wieder Arbeit, Schichtende, Auffahrt, Mittag und die Nachmittage und Abende mit Lesen oder Spaziergängen in trostlos öder, grauer Landschaft. Beim Schaufeln während der Schicht schien mir die Arbeit ewig und schleppend, stand ich vor der Auffahrt am Schacht, glaubte ich, eben vor Sekunden eingefahren zu sein. Der freien Zeit am Nachmittag und Abend wurde ich mir überhaupt nicht bewußt, so zerfloß sie in unheimlicher Geschwindigkeit.

Jeder Sinn für Zeit und Tag schwand mir – hatte ich hier nicht ewig gearbeitet? Eine andere Welt, in der nicht eingefahren, Kohlen geschafft, Steine geschippt, Erde gehackt wurde, in der es Menschen gab, die ständig im Tageslicht weilen durften und nicht mit nachtschwarzen, von Schweiß dampfenden Körpern in engen Höhlen schuften brauchten, schien mir nun schon unfaßlich, so fühlte ich mich eins mit der Masse der Arbeitenden, eng gebunden an den schwarzen Schacht! Gab es hier Jahreszeiten, Frühling oder Sommer oder Winter? Wir wußten es kaum. Unten war ewige Nacht und oben ein ständig grauer Himmel; naßkalt, dunstig die Luft von nie aufhörendem rieselndem Regen. Erschien einmal die Sonne, drangen ihre Strahlen nicht zur Erde, über welcher gelblich-rußige Rauchschwaden schwer und drückend lagen.

Oh, es gab Augenblicke, wo ich vor dem Zusammenbruch stand. In mir schrie es nach Flucht aus dieser Welt, dieser entseelten Hölle, die mich bald packen mußte wie die anderen und mich stumpf, dumm und zur leeren Maschine machen würde! Aber mein Stolz hielt mich, der heiße Wille, den Arbeitern gegenüber fest zu sein. Und ich blieb. –

Ständig wechselten die Schichten ab: eine Woche Morgenschicht, die andere Mittagsschicht. Diese dauerte von ein Uhr mittags bis acht Uhr abends. Die Mittagsschicht-Woche verging noch weit schneller als die Woche mit der Morgenarbeit. Die freien Vormittage verbrachte ich meist im Bett, erwachte spät und las bis zum Essen, so daß solche Tage eigentlich nur aus der Arbeitsschicht bestanden.

Die Arbeit unter Tag fiel mir sehr schwer, obgleich ich fühlte, wie meine Kräfte wuchsen. Jeden Tag drangen wir einen Meter vor. Hatten wir ein größeres Stück geschafft, mußten neue Schienen gelegt werden, damit der Holztekkel tiefer gelassen werden konnte. Dieses Schienenlegen gehörte zu den anstrengendsten Arbeiten.

Schon gleich bei Beginn der Schicht begaben wir uns, Franz und ich, ein ziemliches Ende in eine halbverfallene Seitenstrecke hinein, wo aufgestapelt alte, von Rost rote Schienen lagen. Wir suchten die besten aus, ergriffen eine und hoben sie auf unsere nackten Rücken – ich glaubte in den Boden gestampft zu werden von dem gewaltigen Druck des Eisens! Dann stolperten wir zurück zu unserer Strecke. Man muß sich das vorstellen: eine halbe Stunde etwa tief gebückt zu gehen, eine schwere Schiene auf der nackten Schulter – um zu ahnen, welche Qual das bedeutet! Das rostige Eisen drückte tief in das Fleisch, Schweiß verklebte die Augen, ständig stolperte der Fuß über Steine und Geröll, fortwährend stieß der Kopf an herabhängende Steinmassen und Holzstücke, fast stockdunkel alles herum, die Lampen, die trüben, winzigen Schein verbreiteten, hatten wir in unsere Ledergürtel gesteckt. Und wie mußten wir aufpassen: ein ungeschickter Schritt oder Nachlassen der Kraft konnte die Schiene zu Fall bringen und Bein oder Arm des Nebenmannes zerschmettern! An unserer Förderhaspel legten wir die Schienen nieder und holten neue – im ganzen vier Stück. Ich kann wohl sagen, daß ich halbtot war, wenn wir die letzte Schiene niederwarfen!

Das Herunterschaffen zu unserer Arbeitsstätte machte weniger Schwierigkeiten: wir luden die vier Schienen auf unseren Teckel und ließen ihn langsam herunter, die Bremsvorrichtung stark einsetzend. Danach krochen wir die 50 Meter herunter, nahmen die Schienen ab, schleiften sie weiter, um sie endlich an die schon fertig liegenden Schienen anzuschrauben. Ich suchte noch Holzstücke, die unter die Schienen gelegt wurden als feste Stütze. Diese ganze Arbeit füllte die Schicht vollständig aus. Zum Schluß fühlte ich mich gänzlich zerschlagen, alle Glieder schmerzten und der Rost grub sich tief in die Hände.

Neben der Verbauarbeit im Durchhau lernte ich auch die Förderhaspel bedienen. Durch Druckluft mußte eine Welle in Bewegung gesetzt werden, um die sich das Seil auf- oder abwickelte, an dem der Holzteckel hing. Ich stand in der „Bremskammer" – dem Standort des Bremsers hinter der Maschine – und bediente den Apparat, d. h. schaltete durch Drehen eines kleinen Rades die Luft ein und regelte durch eine Bremsvorrichtung die Geschwindigkeit. Nachdem ich den Inhalt des Teckels in einen der großen Wagen umgeladen hatte, ließ ich ihn wieder herunter.

Mit Franz lebte ich mich gut ein, wir zankten uns fürchterlich, schrien uns in die Ohren, aber vertrugen uns immer wieder. Ich merkte, wie sein Respekt vor mir wuchs – er sah, wie mir die Arbeit schwer fiel und wie ich suchte, es nach außen nicht zu zeigen. Das imponierte ihm. Einmal kam es fast zu einer Rauferei: wir hatten uns über irgendeine Frage in den Haaren gelegen, redeten uns in Wut und begrobten uns. Plötzlich bekam Franz einen roten Kopf, ergriff seine Schippe, drang auf mich ein und holte zum Schlage aus. Ich wußte, daß nur äußerste Ruhe mich retten konnte, bei einer Schlägerei hätte ich natürlich den Kürzeren gezogen, und sagte gleichgültig – sachlich: „Na, schön, hau mir den Schädel ein, ob du mich damit überzeugst?" Franz ließ sofort die Schaufel sinken, brummte irgend etwas und damit war der Fall erledigt. Danach vertrugen wir uns nur um so besser.

Eines Tages bei der Kontrolle sagte der Steiger zu mir: „Na, Stenbock, morgen werden Sie aushilfsweise vor die Kohle verlegt (in der Bergmannssprache heißt verlegen: mit einer anderen Arbeit an einem anderen Ort beschäftigt werden) in Schüttelrutsche 3 auf der 6. Sohle, ein Hilfshauer macht morgen krankheitshalber Feierschicht!" Als der Steiger fort war, grinste Franz, spuckte aus und sagte: „Bürschlein, da wirst mal sehen, was Arbeit ist, die Knochen werden dir verdammt knacken!" Neugierig erwartete ich den nächsten Tag, an dem ich doch mal Gelegenheit hatte, die eigentliche, schwerste Arbeit des Bergmannes kennen zu lernen.

Am anderen Morgen fuhr ich auf der 6. Sohle an, die noch hundert Meter tiefer lag. Hier kam mir alles fremd vor, die Anlage am Schacht war ganz bedeutend größer, ich sah nur unbekannte Gesichter. Nachdem ich mich nach vielem Hin- und Herirren hindurchgefragt hatte, langte ich bei der Schüttelrutsche 3 an.

Von den Förderstrecken zogen sich gewöhnlich schräg nach unten Seitenstrecken hin, die wiederum nach mehreren Seiten Stollen erhielten, die in den Kohlenschichten eingehauen wurden. Die Ausbeutung der Kohle geschah hauptsächlich durch „Hereintreibe-" und „Sprengarbeit". Durch stoßendes oder drehendes Bohren mit Hand- oder Maschinenbohrern – mit Druckluft getrieben – wurden zuerst die Löcher für die Sprengschüsse hergestellt. Nach Einführung der Sprengpatronen in die Bohrlöcher brachte man sie durch Entzündung zur Explosion. Mit Fäustel, Keil und Schrämeisen (eine ganz schmale Art der Keilhaue) wurde dann die gelockerte Kohlenwand durch Abkeilen oder Lostreiben bearbeitet. In besonderen Fällen, bei Schlagwettergefahr oder sehr niedrigen Strecken, mußte ohne Sprengungen nur mit Fäustel und Keil Kohle gewonnen werden. Auf einem „Ort" arbeitete durchschnittlich eine Kameradschaft von drei Bergleuten, zwei Hauer und ein Lehrhauer. Während abwechselnd ein Mann die Kohle lokkerte, luden die beiden anderen den Wagen voll, schoben ihn in die Querstrecke, wo er von der Förderhaspel in die Hauptstrecke hinaufgezogen wurde. Der Bremser schickte dann sofort einen leeren.

Im Gegensatz zu den Schichtlöhnen, die zum Beispiel Franz und ich als Verbauer, oder die Schachtarbeiter, Bremser, Maschinisten usw. bezogen, erhalten die Hauer Akkordlohn, d. h. für die Anzahl der Wagen bezahlt, die während der Schicht geladen werden. Um die Normalhöhe des Lohnes zu erhalten, mußte eine Kameradschaft (drei Mann) in der Regel zwölf Wagen Kohle für eine Schicht laden. Bei einer Mehrleistung – was praktisch überhaupt nicht in Frage kam – gab es entsprechend höhere Löhne, bei jeder geringeren Anzahl gekürzten Lohn. Das Laden von zwölf Wagen nahm die Zeit einer Schicht voll in Anspruch, wenn intensiv, ohne jede Nebenarbeit und Zwischenfälle gearbeitet wurde. Wer aber diese Arbeit kannte, wußte, daß stets genügend zeitraubende Dinge störend wirkten. Zunächst kamen die unumgänglichen Sicherheitsmaßnahmen, der Grubenausbau: das Setzen der Stempel und Halbhölzer als einzige Schutzwand gegen die einbrechende Kohle, dann die ständigen Brüche – fortwährend brachen Teile der Stein- oder Kohlewand ein –, die fortgeräumt werden mußten, usw. Da der Lohn an sich schon sehr gering war, die Hauer meist eine zahlreiche Familie zu ernähren hatten und nach dem Gedingevertrag der Grubenausbau, der der Sicherheit der Leute dienen sollte, mit der Kohlenproduktion gemeinsam im Akkord vergeben wurde, war es naturgemäß, daß die Arbeiter möglichst jede Nebenarbeit, die nicht unbedingt sofort der Kohlengewinnung diente, ausschalteten, d. h. in anderen Worten: gar keine oder nur sehr mangelhafte Schutzmaßnahmen trafen, schlecht ihre Strecke ausbauten, um nur ja das notwendige Pensum, die zwölf Wagen zu schaffen. Die Folge dieses Arbeitsprinzips waren fast täglich Quetschungen, Arm- und Beinbrüche, Verschüttungen und ähnliches. Nicht die Arbeiter konnten für solche Unglücksfälle verantwortlich gemacht werden – in ihrer großen Not sind sie nur von dem Gedanken erfüllt, so viel wie möglich zu verdienen – auch nicht die Steiger, die unter eisernem Druck von oben her standen –, Schuld an diesen unwürdigen Mißständen trug das System, eine Methode wirklich brutal-rücksichtsloser Ausbeutung, in der ein Menschenleben wenig galt!

Es war überhaupt eine eigene Sache mit der Grubenordnung. Da gab es die schönsten Bestimmungen, genaueste Vorschriften über alle möglichen Sicherungen, die zu treffen sind, Angabe über die Dicke der Stempel, Dichtigkeit des Verbaues, Verhaltungsmaßregeln und unzähliges mehr, aber in der Praxis ging jeder seine eigenen Wege und kümmerte sich blutwenig um die Gesetze. Die Steiger sahen und wußten von den mangelhaften Schutzvorrichtungen der Hauer, aber beide Augen wurden zugedrückt, da durch ein Prämiensystem und stete Hetze von oben her auch die Steiger nur von dem Gedanken besessen waren, möglichst viel Kohle auch auf Kosten der Sicherheit auszubeuten. Ein System der Hetze herrschte so im Bergbau, einer trieb den anderen zur sinnlosesten Anstrengung. Kohle, Kohle und Kohle klang es von allen Seiten, mochte auch dabei der einzelne Kumpel zugrunde gehen, wenn möglichst viel geschafft wurde!

Die Kohlenhauer bildeten unter den Bergleuten einen Schlag für sich: sie waren verschlossen, hart und mürrisch, die ständige Todesgefahr, in der sie lebten, machte sie unempfindlich. Man hatte im allgemeinen keine Lust, mit den Hauern anzubinden, und selbst die Steiger wagten nicht viel zu sagen.

Die Arbeit in der Schüttelrutsche, die heute vor mir lag, gehörte zu der schwersten im Bergbau. In einer ein Meter hohen und vier Meter breiten Strecke, die sich von der Hauptstrecke nach oben, Richtung zur 5. Sohle, ziemlich steil hinzog, lagen in der Mitte die Schüttelrutschen – schmale Rinnen aus Eisen von wechselnder Länge, die auf Rollen bewegbar durch Motorkraft in ruckende Hin- und Herbewegung gesetzt wurden. Die Kohle, die die Bergleute ständig auf die Rinnen schütteten, rutschte auf diese Weise fortwährend herunter und fiel in die bereitstehenden Wagen auf der Förderstrecke. Die Arbeit in der Schüttelrutsche wird von den Bergbesitzern besonders gern angewandt, da erheblich mehr Kohle geschafft werden kann als bei der üblichen Gewinnung und viel zeitraubende Nebenarbeit – bei der Niedrigkeit der Strecke ist ein besonderer Verbau nicht notwendig – fortfällt, andrerseits geschehen nirgends so viele Unfälle wie in der Schüttelrutschstrecke.

Auf einer Gezähekiste in der Förderstrecke saßen die beiden Hauer, zwei alte, finstere Männer, bei denen ich mich zu melden hatte. Der eine brummte: „Glückauf!“, ergriff seine Lampe, drückte mir Spitzhammer, Keil, Fäustel und Schippe in die Hand, spuckte seinen Priem aus und winkte mit dem Kopf. Ich folgte ihm.

Wir krochen in den niedrigen Gang, der hier eineinhalb Meter vom Boden entfernt in die Förderstrecke mündete. Auf allen Vieren rutschten wir vorwärts, die Lampen nachschiebend oder im Munde tragend. Die Bergleute, die von oben her, durch den anderen Eingang der Strecke hineinkamen, hatten es viel leichter, sie legten sich auf die Eisenrinnen in der Mitte und glitten so zur Arbeitsstätte. Zu beiden Seiten sahen wir die niedrigen, ein Meter hohen Stempel stehen, die die Lage trugen. Die ganze Verzimmerung, der Ausbau über uns, schien sehr mangelhaft, nur gerade das notwendigste hatte man getan. Wände und Decke bestanden hier fast nur aus reiner Kohle, es glitzerte und funkelte im Scheine unserer Lampen. An einigen Stellen bemerkten wir auch Steinschichten.

Endlich hielt der Hauer und drehte den Kopf: „Hier, Kumpel, hast zu arbeiten. Mußt dich auf den Buckel legen und die Kohle über dir behauen. Kommt der Dreck herunter – du merkst am Rieseln – mußt halt verdammt aufpassen, kriech rasch zur Seite, sonst kriegst den Dreck auf den Bauch und bist fertig! Dann schipp die Kohle auf die Schüttelrutsche. Wenn das Eisen stehen bleibt, ist Butternzeit, dann komm runter. Glückauf!" Der Hauer kroch weiter nach oben.

Nun konnte ich meinen Arbeitsplatz genau in Augenschein nehmen. Die Dekke lag so tief, daß ich nicht mal im Hokken, sondern nur im Liegen arbeiten konnte. Schräg über mir, die Strecke weiter höher, blinkte matt die Lampe eines Bergmannes, der dort zu arbeiten hatte. Auch unter mir funkelte eine Grubenlampe: die ganze Strecke war gleichmäßig mit Arbeitskräften verteilt.

Das Stampfen der Maschine setzte ein, die Rinne an meiner Seite ruckte stoßartig hin und her, ein ohrenbetäubendes, blechernes Klappern und Krachen erscholl. Die Arbeit begann. Ich legte mich auf den Rücken und beklopfte abwechselnd mit der Spitzhacke, Keil und Fäustel die Kohlenwand, die so dicht über mir schwebte, daß ich sie mit der Hand greifen konnte. Bei jedem Hieb staubte eine Kohlenwolke nach allen Seiten, kleine Stücke fielen auf das Gesicht und den nackten Oberkörper. Staub drang in Nase,

Mund und Augen, vollkommene Nacht umgab mich, da die Lampe den Dunst nicht zu durchdringen vermochte. Eine Weile wartete ich, bis der Nebel sich verzogen hatte, dann ging das Hämmern weiter. Gewaltig strengte diese Arbeit an, die dampfende, unerträgliche Hitze legte sich schwer auf den Körper, die dunstige, von erstickenden Kohlengasen durchschwängerte Luft drang in die Lungen; in den nackten Rücken, der fest am Boden lag, stachen kleine Steine und Kohlensplitter.

Nach einigen starken Hieben merkte ich, wie ein leises, ständiges Rieseln von Kohlenstaub einsetzte, immer stärker und stärker anschwellend – „Es kommt!“ fuhr es mir durch den Kopf, mit einem Satz sprang ich auf die andere Seite über die Rinne … in derselben Sekunde brach mit dumpfem Donnern und Bersten eine große Kohlenmasse nieder, genau auf die Stelle, wo ich eben gelegen hatte, und wirbelte eine schwarze Dunstschwade durch den Raum. Ich glaubte zu ersticken, atmete krampfhaft ein und fühlte den körnigen Staub in Mund und Kehle eindringen. Einige Minuten, der schwarze Dampf verströmte, ich kletterte über die Rutsche zur alten Stelle. Ein großer Haufen war hier heruntergekommen.

Erst nachdem ich sorgfältig die Decke abgeklopft hatte, um gebliebene, locker sitzende Kohle zu Fall zu bringen, konnte ich ans Schippen gehen. Wieder legte ich mich lang hin und suchte zu schaufeln. Teufel, das zog in den Gliedern! In gebückter Haltung zu schippen war schon kein Kinderspiel, im Knien ging es noch weit schwieriger – aber im Liegen! Das bildete einfach eine grenzenlose Qual! Bei jedem Spatenstich zuckte der Körper im Schmerz, beim Heben spannten sich alle Muskeln zum Zerreißen. Wie tausende von glühenden Nadeln brannten die kleinen Steinfetzen in das Rückenfleisch. Und dann der Kohlenstaub, der bei jeder Entladung der Schaufel auf die Schüttelrutsche die Luft durchströmte und vergiftete! Dauernde Finsternis umfing mich, doch konnte ich diese Arbeit auch im Dunkeln verrichten und brauchte nicht, wie beim Behacken der Decke, haarscharf auf jedes Anschwellen des Staubrieselns zu achten, um nicht verschüttet zu werden.

So lag ich schmerzzuckend auf dem Boden, krampfhaft Augen, Mund und Nasenflügel zusammengezogen, und schaufelte mit wütender Kraft. Wie ein nasser Schwamm schien mein Körper von Schweiß durchtränkt. Trotz des großen Lärms, des blechernen Klapperns der ruckweise tukkenden Eisenrinnen, des zischenden Rieselns der fallenden Kohlenhaufen, des Stampfens der Motore, vernahm mein Ohr, seltsam geschärft, auch ferne Geräusche. So konnte ich deutlich das Schaufeln und Klopfen des Kumpels schräg über mir hören. Am rascher folgenden Bersten und Brechen der Kohle merkte ich, daß er bedeutend schneller als ich arbeitete. Ich hatte meinen ersten Haufen noch nicht verladen, während er schon den zweiten in Angriff nahm.

Unerträglich kroch die Zeit. Mit Mühe bekam ich die Augen auf, von Schweiß und Staub verklebt. Mein Kohlenhaufen schrumpfte mehr und mehr zusammen, nun lag noch ein kleiner Rest bereit. Einen Augenblick verschnaufte ich, der Kohlendunst löste sich etwas, und ich sah blinzelnd die Lampe des oberen Bergmannes schimmern.

Merkwürdig – eine seltsame Angst packte mich plötzlich. Etwas Dumpfes lag in der Luft. Ich horchte gespannt auf das neue Niedergehen der Kohle – nach meiner Berechnung mußte der Mann seinen zweiten Kohlenhaufen verarbeitet haben. Da ich das Geräusch des Fallens der Kohle erwartete und es ausblieb, fühlte ich Unruhe. Doch da – nun kam's! Dumpfes Bersten, Krachen und Fallen dröhnte durch den Raum, und gleichzeitig zerriß ein solch gellendkreischender Schrei die Luft, daß ich im Innersten erschauerte! Ein Unglück? Ein tierisches Aufbrüllen folgte, gleich darauf kindisches Wimmern, ein Heulen und gurgelndes Röcheln. Um Gottes willen, etwas Schreckliches mußte geschehen sein! Ich warf die Schippe fort, ergriff die Lampe und kroch mit allen Kräften die Strecke hinauf. Mehrere Lampen blitzten auf, da kamen wohl von oben andere Bergleute zur Unglücksstelle. Die Maschine setzte aus, die Schüttelrutschen standen. Jetzt, nicht mehr gedämpft durch Nebengeräusche, gellte lauter und immer lauter das furchtbare Schreien und Heulen in meinen Ohren.

Endlich war ich am Ziel und hob meine Lampe – ein entsetzliches Bild! Am Boden krümmte sich ein Mensch: das rechte Bein bis zum Schenkel vollständig von herabgestürzten Stein- und Kohlenmassen zerschmettert! Überall Blutspuren, eigenartig funkelnd im fahlen Licht. Zwischen dem Geröll, den Stein- und Kohlenstücken sah ich die roten, zerstampften Knochen und Fleischfetzen. Dem Liegenden waren die Hosen tief heruntergerutscht, der gelbe, ausgemergelte Körper wand sich in wahnsinniger Qual, das junge Gesicht verkrampfte sich zur Grimasse vor maßlosem Schmerz. Schwarze Haare hingen über die Stirne, aus dem Munde spritzte Speichel. An Stelle des einen Beines ein grauenhaft zerfetzter, blutiger Stummel! Eben wimmerte der Verletzte hilflos wie ein Kind, dann zuckten die Glieder, und wieder tönte erschütterndes, tierisches Brüllen gellend durch den Gang. Die Bergleute, die herumlagen, die Grubenlampen in der Hand, zeigten gleichgültige Mienen – sie schienen an so etwas gewöhnt zu sein. „Hat verdammt nicht aufgepaßt!" hörte ich jemand murmeln.

Nun sollte der Unglückliche fortgeschafft werden: tragen war bei der niedrigen Decke unmöglich – nur schleifend ließ er sich fortschaffen! Zwei Bergleute ergriffen seine Arme und zogen ihn in der Richtung nach oben. Es mußte eine irrsinnige Qual sein, der Unglückliche brüllte wie ein Stier auf; selbst die abgestumpftesten Männer fuhren zusammen.

Der blutende, zerfetzte Beinstummel tanzte am Boden, sprang und hüpfte wie ein Ball, der nachgezogen wird!

Krachend und klappernd, die verhallenden Wehrufe erstickend, setzten die Schüttelrutschen wieder ein: an die Arbeit, an die Arbeit, nur keine kostbaren Minuten verlieren! Ich kroch meinen Weg hinunter, innerlich leer und zerschlagen. Dann lag ich an meiner Arbeitsstätte, schippte, klopfte, schippte – sinnlos zerflatterten die Gedanken, mechanisch maschinenhaft verrichteten die Hände die Arbeit. Nur ein Bild stand vor meinen Augen: ein blutender Beinstummel, der wie ein Uhrpendel hin und her schaukelte, eine gräßlich verzerrte Fratze schien aus dem Dunkel zu wachsen, und aus dem Knattern der Rinnen glaubte ich tierisches Jammern zu hören.

Vergingen Minuten? Stunden? Was wußte ich. Plötzlich standen die Schüttelrutschen: Buttern! Ich atmete auf. Langsam kroch ich die Strecke hinunter, müde, lahm. Jetzt erst fühlte ich den grenzenlosen Durst, der meine Kehle ausbrannte. In der Förderstrecke auf der Kiste saßen schon die beiden Hauer, gleichmütig und schweigsam ihre Stullen kauend. Ich ergriff meine Blechflasche und stürzte den Kaffee hinunter, in einem Zuge die Flasche leerend. Welche Wonne! Und doch spürte ich noch Durst. Meine Halbliterflasche faßte zu wenig; die Hauer hatten Zwei- bis Dreiliterflaschen, die sie während der Schicht austranken.

Ich setze mich auf die Gezähekiste und sprach, im Innersten erschüttert, von dem Unglück. Die Hauer hörten mit teilnahmslosen, ruhigen Gesichtern zu. „Ja, Kumpel," brummte der eine, „da kannst nichts machen, heute trifft's den, morgen den!" – „Hat noch Glück gehabt," sagte der andere, „hat noch 'n Bein und zwei Fäuste, um sich und die Familie durchzuschuften! Da hat's einen gehabt, in Schlesien, wo ich früher war, der wurde mir vor der Nase fortgeschnappt, Dreck und Steine kamen runter. Wir wußten nicht mehr, wo sein Kopf, die Arme und die Beine lagen – nur 'n blutiger Matsch!"

Allzu schnell verging die Pause, schon stampfte die Maschine und die Rinnen begannen klappernd zu rucken. Ächzend schleppte ich meine zerschlagenen Glieder die enge Strecke hinauf zum alten Arbeitsort, und wieder setzte die schwere Arbeit ein. In der alten Reihenfolge vollzog sie sich: Beklopfen der Decke und Wände, Zurseiteschwingen, wenn der Bruch kam, endloses Schippen. Wie paßte ich jetzt auf, wenn der Kohlenstaub zu rieseln begann! Doch immer rechtzeitig schützte ich mich.

Entsetzlich träge kroch die Zeit dahin. Todmüde und wund fühlte ich den Willen zum Widerstand vergehen. Wieder brannte unheimlicher Durst. Gab es denn nie ein Ende? Salzig schmeckte der Schweiß, der in den Mund rann und vom Körper tropfte. Keine Stelle an mir schien heil, überall spürte ich stechende, glühende Schmerzen. Oft, wenn ich beim Staubdurchwirbeln meinen Mund nicht rechtzeitig fest zupreßte, drang so viel Kohle in den Hals, daß ich husten und erbrechen mußte. „Schluß, Schluß!" schrie es in mir, „fort mit Schippe, Spitzhacke und Fäustel, sich hinschmiegen an den Boden hier, irgendwas trinken und dann schlafen, schlafen – das mußte größtes Glück sein!"

Halb ohnmächtig und völlig abwesend arbeitete ich. Mechanisch umfaßten meine Hände den Stiel der Schaufel, stießen sie in die Kohle und schütteten die schwarze Masse auf die Eisenrinnen. Dann kamen Augenblicke, wo die Kraft schwand und ich glaubte zusammenzubrechen! Die Arme konnten die Schaufel nicht mehr halten und hingen leblos wie Stricke am Körper. Doch Minuten später arbeiten die Arme, von Kräften getrieben, die ich innerlich nicht spürte. War ich es, der hier lag und Arbeit vollführte? Ich fühlte keinen Zusammenhang mit diesem Körper, der wie eine Maschine gleichmäßige Bewegungen tat: es schien mir, als ob meine Seele weit fortschwebte! Eine eigentümliche Stumpfheit legte sich brütend auf mich, der Sinn für Leben und Wirklichkeit verging, traumhafte, neblige Vorstellungen umschwebten mein Gehirn. Jahre hatte ich durchlebt und fühlte Dumpfheit und Alter. Ewig hatte ich hier gelegen, geklopft und geschippt, geschippt und geklopft – ewig würde ich hier liegen, klopfen und schippen. Das war alles – Leben und Welt: ein Liegen in finsterer Höhle, mit schmerzglühendem Körper, ohne Licht und Luft. Funken tanzten vor den Augen, im Kopfe dröhnte und hämmerte es.

Plötzlich schwieg das blecherne Getöse, die Eisenrinnen standen still. „Was sollte das bedeuten?" dachte ich stumpf. Schicht? Ende dieser unendlichen Qual? Eine unfaßliche Vorstellung, zu glückhaft, um möglich zu sein! Doch die Motore ruhten, und von oben leuchteten die Grubenlampen der herunterkommenden Bergleute auf. Allmählich fühlte ich, wie aus fernem Traum erwachend, neue Lebenskraft mich durchströmen. Gott sei Dank, Schluß!

Ich nahm die Gezähe und die Lampe und kletterte mühsam hinunter in die Hauptstrecke. Die Hauer machten sich schon zum Fortgehen fertig, die Werkzeuge schlossen wir in die Kiste, dann wanderten wir langsam zum Schacht. Meine Beine zitterten, wie bezecht wankte ich und mußte aufachten, um nicht zu stolpern. Meine Glieder brannten, der Körper war von Striemen zerrissen und geschunden, der Kopf hing wie Blei herunter. Wie durch einen blauen Schleier sah ich alles. „Na, ist dir wohl 'n bißchen schwer geworden?" fragte der eine Hauer an meiner Seite. Ich konnte nur nicken. „Hat's welche, die zwanzig Jahre in solchem Loch arbeiten!" sagte er drauf.

Wie ich nach oben kam, wußte ich kaum. Halb im Traum quetschte ich mich in eine Höhle des Förderkorbes, kaum gewahrte ich das trübe Tageslicht durch die verrußten

Scheiben auf der Hängebank, als ich aus dem Korbe kroch. Das Umkleiden und Waschen vollzog ich mit halbem Bewußtsein. Bald saß ich im Ledigenheim und verschlang gierig das Mittagessen. Dann riß ich die Kleider vom Leibe und sprang in mein Bett: jetzt nur noch schlafen, schlafen, nichts als schlafen! Kaum hatte mein Kopf das Kissen berührt, fielen die Augen bleiern zu. Wie eine Leiche lag ich, bewegungslos, bewußtlos.

Als ich erwachte, zeigte die Uhr neun Uhr abends. Ich kletterte aus dem Bett, holte die Suppe und aß sie voller Heißhunger. Am Körper fühlte ich mich zerschlagen, noch umhielt mich dumpfe Müdigkeit. Meine Stubengenossen lagen schon in ihren Betten. Ich erzählte von dem erlebten Unglück. „Ja, sowas kommt hier verdammt oft vor!" sagte der Kleine gähnend.

Sofort nach Beendigung der Mahlzeit kroch ich wieder auf den Strohsack und versuchte zu schlafen. Doch kaum hatte ich die Augen geschlossen, zog blitzartig alles am Tage Erlebte an mir vorbei: kriechende Menschen in niedrigen, schwarzen Gängen, liegende Arbeit, Beklopfen und Schippen von dampfenden, staubenden Kohlenmassen, und dann sah ich vor mir, ganz dicht, das rasend verzerrte Gesicht eines jungen Menschen mit wirren schwarzen Haaren und hörte tief im Ohr aus dröhnendem Gestampf und Geklapper ein tierisches Jammern und Ächzen. Gewaltsam dachte ich an anderes, preßte mein Gesicht in das Kissen und empfand beseeligend, wie meine Sinne langsam schwanden – ich versank aus der jammervollen Gegenwart in tiefen, erlösenden, beruhigenden, beglückenden Schlaf!

Sonntag

Wer sechs Tage im Schweiße seines Angesichts arbeitet, weiß erst, was der Sonntag bedeutet. Wie eine Oase in der grauen, eintönigen Wüste der vorbeigleitenden Alltage schien uns der siebente Tag der Woche! Schon Sonnabends, beim Wecken, erfüllte uns das frohe Bewußtsein, die letzte Schicht vor uns zu haben. Alles beeilte sich, man suchte einen frühen Korb zu erwischen, um rechtzeitig wieder ausfahren zu können. Nach der Schicht wusch man sich besonders sorgfältig. Und dann standen wir aufatmend vor dem Zechentor – einen langen Nachmittag und den ganzen nächsten freien Tag vor uns!

Am ersten Sonnabend meines Aufenthaltes im Ruhrgebiet beschloß ich, nach dem Mittag ein wenig durch Hamborn zu bummeln. Ich kann mich nicht entsinnen, je eine reiz- und seelenlosere Stadt gesehen zu haben! Tödlich langweilig und abschreckend wirkten die kasernenmäßig-nüchternen, stets nach einem Schema gebauten Mietshäuser, die fast ausschließlich das Straßenbild umrahmten. Unendlich weit lag die Stadt ausgedehnt, eine Großstadt nach Ausdehnung und Bewohnerzahl und doch wie ein Dorf wirkend!

In den Schaufenstern wurden Waren ausgeboten – überall standen kleine Zettel mit dem Preis, phantastisch hohe Zahlen. Die Inflation war im vollen Gange, die Mark verlor jeden Wert und sank von Tag zu Tag, jeder beeilte sich, sein Geld so schnell wie möglich in Ware umzusetzen, da die Preise fast stündlich stiegen. Die Auslagen der Kunst- und Buchläden zeigten erschreckenden Kitsch: man schien hier nicht allzu große kulturelle Bedürfnisse zu haben. In den Straßen drängten sich die Menschen, fast ausschließlich Arbeiter, selten mal eine bürgerliche Erscheinung, ein Geschäftsmann oder ein Beamter. Vor den Türen standen verhärmte Arbeiterfrauen, Kinder spielten auf dem Bürgersteig. Die Kinos – durch grellbunte Plakate von weitem kenntlich – waren dicht umlagert. Bald tauchten die ersten Betrunkenen auf, laut gröhlend durch die Straßen torkelnd. Sie gehörten zum typischen Sonnabend- und Sonntag-Straßenbild, diese schwer Bezechten, die von Stunde zu Stunde an Anzahl in unheimlicher Weise anwuchsen. Starke Schupostreifen zeigten sich in den Straßen, auf Ordnung und Ruhe achtend. Allmählich dämmerte der Abend, und mit Besorgungen versehen kehrte ich zum Abendbrot heim.

Das Ledigenheim war fast ausgestorben, der größte Teil der Arbeiter ging ins Wirtshaus oder Kino. Auch meine Stubenkameraden fehlten: der Mediziner fuhr regelmäßig Sonnabend und Sonntag zu Verwandten nach Düsseldorf, und die beiden anderen saßen sicherlich in einer Kneipe. So hatte ich einen langen, stillen Abend für mich allein.

Diese Stunden konnte ich verwerten, um mich in den „Zarathustra" zu vertiefen. Wie seltsam schien es mir, einsam und ungestört in meinem Zimmer verweilen zu dürfen. Ich saß am Holztisch, vor mir das Buch aufgeschlagen, große Ruhe im Hause, selten tönten Schritte und Stimmen. Die wunderbare Schönheit der Sprache von Nietzsche, die Erhabenheit, Weite und Tiefe dieser Dichtung, erschütterten mich gewaltig – losgelöst von Umgebung und Zeit ließ ich mich ganz bannen und versank widerstandslos in eine übergroße, machtvolle Geisteswelt. So verstrichen die Stunden, die für mich Feierstunden waren.

Dann plötzlich – ich fuhr aus den geistigen Träumen – erscholl lauter Lärm im Flur, Trampeln und Flüche. Ich sah auf die Uhr: Eins! Die Leute kamen von ihren Saufgelagen zurück. Mit der schönen Ruhe war es nun aus. Polternd sprang die Türe auf, und meine beiden Schlafkameraden stolperten, schwer geladen, über die Schwelle. Sie machten aber weiter nicht viel Lärm, fielen auf ihre Strohsäcke – der

Dicke hatte nicht mehr die Kraft sich auszuziehen – und schliefen sofort laut schnarchend ein.

Das Getöse in den Nebenräumen und in dem Korridor schwoll immer stärker an, die ganze Holzbaracke wackelte. Ich trat aus dem Zimmer und sah den ganzen Flur gefüllt mit betrunkenen Arbeitern. In einer Ecke stand einer und erbrach fortwährend. Am Boden in der Nähe des Ausganges lag ein älterer Kerl, er war gestolpert und konnte sich nicht mehr erheben, seine Kameraden schleiften ihn, an den Beinen ziehend, in sein Zimmer. Andere hielten sich umschlungen und sangen mit heiserer Stimme unanständige Lieder.

In der Mitte des Raumes stand der bucklige Nachtwächter, fuchtelte mit den Armen in der Luft und stieß gröbste Schimpfwörter aus. Dieser „Buckel" sah in der Tat grotesk häßlich aus: der große Kopf mit dem hinterlistigen, boshaft-abschreckenden Gesicht hing auf einem dürren Hals, ein einziger riesiger Buckel schien sein Körper, der auf kurzen, dünnen und krummen Beinen hin und her schwankte, die langen Arme reichten fast bis zum Boden.

Ein kleiner, dicker, stämmiger Arbeiter, der uns gegenüber wohnte und durch seine dummen Streiche einen gewissen Ruf im Ledigenheim hatte, ging auf den Nachtwächter zu und sagte: „Du Buckel, guck mal bei 39 nach, da haben sie ein Weib drin!" Es war den Insassen des Ledigenheimes streng untersagt, Frauen in die Zimmer zu nehmen – ein Verbot, das natürlich stets umgangen wurde, es gab ja ein Fenster als Aus- und Einweg! Arbeiter, die man dabei ertappte, flogen sofort. Auf dem Zimmer 39 lebten vier Hauer, die von allen gefürchtet wurden, man kannte sie als rohe, wüste Gesellen mit Bärenkräften, denen jeder gern im weiten Bogen aus dem Wege ging. An diesem Abend hatten sie sich zufällig schon früh zu Bett gelegt, selbstverständlich ohne weiblichen Anhang!

Kaum hatte der Buckel die Worte des Dicken vernommen, wurde er blau im Gesicht, packte seinen Knüppel, den er stets bei sich trug, und stürzte auf die Tür 39 zu, mit dem Knüppel und den Beinen das Holz bearbeitend. „Ihr verfluchten Hurenbengel!“ brüllte er mit heiserer, überschlagender Stimme, „ihr verdammten Schweine, macht sofort auf, ihr elenden, krummen Hunde, verfluchte!“ Innen blieb es totenstill. Wir standen alle neugierig im Kreise und warteten gespannt auf die Katastrophe, die eintreten mußte. Der Nachtwächter tobte weiter: „Wollt ihr immer noch nicht öffnen, Gott verdamm! Soll ich euch einzeln den Arsch zu Brei schlagen! Macht auf, ihr feigen Schurken!“ Mit einem Ruck ging plötzlich die Tür auf – ein riesiger, völlig nackter Kerl, mit schwarzem Bart und Haaren auf der Brust, trat heraus, packte, ohne ein Wort zu sagen, den Buckel mit festem Griff am Kragen, hob ihn in die Höhe und warf ihn – wie ein Kind den Gummiball schleudert – mit aller Wucht an die gegenüberliegende Wand des Flurs, wo der Nachtwächter wie ein Haufen schmutziger Lumpen auf den Boden klatschte. Mit lautem Krach schlug die Türe wieder zu, und wir hörten, wie der Riegel von innen zugeschoben wurde.

Nach menschlichen Ermessen konnte beim Liegenden kein Knochen mehr heil sein. Doch wir sahen, wie der Lumpenhaufen sich zu bewegen begann – der Buckel erhob sich ächzend, schüttelte sich wie ein Hund, der aus dem Wasser kommt, spuckte aus, stieß einen unflätigen Fluch durch die Zähne, setzte die speckige, schwarze Beamtenmütze, die fortgekullert war, auf den Kopf und hinkte von dannen. Der Arbeiter, der diesen „Scherz“ veranstaltet hatte, grinste über das ganze Gesicht: „Siehst du, Kumpel, wenn du dieses bucklige Schwein in ’ne Kanone stopfst und in die Luft schießt, kommt der Bruder ganz gesund und munter wieder auf der Erde an! Das ist so’n Unkraut, das nie vergeht!“

Nach diesem Intermezzo begab ich mich auf mein Zimmer, um endlich zur Ruhe zu gehen. Hier roch es scheußlich nach Fusel. Als ich auf meinem Strohsack lag und die Decke übers Gesicht zog, erfüllte mich das glückliche Bewußtsein, den nächsten Morgen ausschlafen zu können und einen ganzen freien Tag für mich zu haben.

Ich wachte um halb sechs auf, griff instinktiv nach der Uhr und dachte mit Schrecken: „Ich komme ja zur Schicht nicht mehr zurecht!" Dann erst allmählich begriff ich, daß es ja Sonntag war, und selig wie ein Kind, von süßer Müdigkeit erfaßt, sank ich zurück und träumte weiter.

Spät gegen elf erwachte ich, völlig ausgeschlafen, gestärkt und wohlig. Die beiden Arbeiter wachten schon, saßen auf ihren Betten, flickten an ihrem Zeug und machten einen stark verkaterten Eindruck. Nun erhob ich mich, wusch mich sorgfältig und kochte mir zur Feier des Tages Kakao auf einem kleinen Spirituskocher. Brötchen hatte ich mir am Tage vorher gekauft, und so konnte ich wahrhaft sonntäglich frühstücken!

Um eins gab es Essen. Fast sämtliche Insassen des Ledigenheimes waren anwesend, und es dauerte schon eine gute Weile, bis man seine Portion erhielt. Die meisten Leute hatten ihre Sonntagskleidung angelegt und sahen recht manierlich aus. Einen mächtigen Katzenjammer konnte aber niemand verbergen. Das Mittagessen war heute besonders gut und reichlich: es gab drei Gänge, nach einer kräftigen Suppe ein Fleischgericht, zum Schluß sogar süße Speise. Satt und faul legten wir uns nach dem Essen auf unsere Strohsäcke, meine Genossen um ein Mittagsschläfchen zu halten, ich um ein wenig zu lesen.

Um drei Uhr zog ich mich um: ich wollte unbedingt die freie Zeit benutzen, um wenigstens zeitweilig aus dieser Umgebung zu flüchten. Die nächste Stadt, die nicht den ausgesprochenen Charakter einer Proletarierstadt trug, mit der Elektrischen günstig zu erreichen, war Duisburg. Dort konnte ich wohl für kurze Zeit eine andere Welt auf mich einwirken lassen. Welch einen ungewohnten Genuß bedeutete es, ein reines Hemd über den Körper zu ziehen, einen Kragen umzulegen und einen dunklen, anständigen Anzug am Leibe zu fühlen! Wie die Kleidung auf den inneren Menschen wirken kann, fühlte ich in diesem Augenblick spontan – wie neugeboren kam ich mir vor.

Die nächste Haltestelle der elektrischen Bahn lag in Duisburg-Meiderich. Über eine gute halbe Stunde hatte ich zu laufen, dann saß ich im Wagen. Eine halbstündige Fahrt – und aussteigend befand ich mich mitten in einer bunten, lärmenden, pulsierenden Stadt.

Ungewohnt, seltsam, unwirklich wirkte dieses alles auf mich: große, blitzende Schaufenster mit kostbaren Auslagen, drängende Menschen, elegante, schöne Frauen, gut angezogene Herren, sausende Autos, surrende, elektrische Wagen. Keine Proletarier, engbrüstige Gestalten, müde, verhärmte Gesichter, gebleicht durch gasgeschwängerte Grubenluft, zeigten sich hier, sondern nur Menschen mit satten, zufriedenen Gesichtern.

Von irgendwo tönten leichte Musikklänge, ich betrat ein großes, elegantes Café. Blendend hell funkelte es im mächtigen Saal, einladend und festlich. An einem der kleinen Marmortische ließ ich mich nieder und ließ die Blicke im Raum schweifen. An den kleinen Tischen saßen schwatzende, lachende, heitere Menschen: französische und belgische Offiziere in ihrer outrierten, unmilitärischen Eleganz, geschminkte, schicke Halbweltdamen, elegante Herren, ruhige, dicke Bürger mit ihren Frauen, und zwischen den Tischen und Gästen schlängelnd und balancierend, überhöfliche, dienstbereite Kellner. Die frohen Klänge des Orchesters erfüllten die weite Halle und stimmten heiter und behaglich.

Während ich den Kaffee schlürfte – ja, es war richtiger, seinen Namen verdienender Kaffee –, dachte ich an die andere Welt, aus der ich eben kam. Mein Gott, wie war es möglich – kaum eine Stunde von hier lag die Hölle, die dumpfe, entseelende Welt der Arbeit? Konnte das Wirklichkeit sein, was mich hier umgab? Ein Traum? Meine Gedanken wirbelten wirr durcheinander.

Ich mußte mir vorstellen, wie sich meine Kumpels in diesem Lokal hier ausnehmen würden, etwa der Franz mit seinen schwarzen Zahnstummeln und seinem ewigen Kauen und Spucken! Er wäre hier sofort an irgendeinen Tisch herangetreten, vielleicht an jenen drüben, um den wohlgenährte, selbstzufriedene Bürger saßen, hätte mit der Faust auf den Tisch geschlagen, daß die winzigen Tassen und Teller in der Luft umhergeflogen wären, und hätte gebrüllt: „Ihr gottverfluchtes Bürgerpack, verdammtes!“ Oder meine anderen Kumpels, die Stubenkameraden oder die Hauer? Nein wahrhaftig, eine unmögliche Vorstellung, undenkbar – zu groß die Gegensätze!

Bald stand ich wieder draußen, schlenderte durch die Straßen, an den Schaufenstern vorbei, die jetzt, im Abenddämmern elektrisch beleuchtet, hell erstrahlten. An einer Litfaßsäule las ich die Ankündigung eines Theaterprogrammes; der Urfaust sollte heute aufgeführt werden. Das wäre ein guter Abschluß des Sonntages! Ich nahm eine Karte – es war kurz vor Beginn der Vorstellung – und bald saß ich in dem großen, prachtvollen Stadttheater, in freudiger Erregung. Darstellung und Bühnenbilder zeigten reifstes Können und übertrafen meine Erwartung. Wie genoß ich es, die alten Bilder vorbeigleiten zu sehen: die verräucherte, verstaubte Studierstube mit dem grübelnden Faust, die Schülerszene, Auerbachs Keller, die ganze, erschütternde Gretchentragödie; wie wohltuend, die bekannten Verse zu vernehmen!

Als der Vorhang niederging und das Publikum sich in dem Garderobenraum drängte und stieß, dauerte es erst einige Zeit, bis ich mich zusammenreißend wieder in die Wirklichkeit fand. Dann saß ich in der Elektrischen, wanderte durch dunkle Straßen und stand plötzlich in meinem Zimmer im Ledigenheim. Zu Ende der Traum und der Sonntag. Es fiel mir bitter schwer, dieses Hereintreten in den Alltag!

Als ich die Kleider abgestreift hatte und in den blaukarierten Laken auf meinem Strohsack lag, glaubte ich, einen kurzen, merkwürdigen Traum erlebt zu haben. Nein, Wirklichkeit war das alles nicht gewesen, die Wirklichkeit umgab mich hier: die schnarchenden Arbeiter, der Fuselgestank im Zimmer, der Strohsack, den ich fühlte, die Arbeit unter der Erde, die morgen bevorstand. Mit tausenden von Armen hielt mich die Umgebung fest, ihr war ich widerstandslos verfallen – Proletarier unter Proletariern, sonst nichts!

So erlebte ich den ersten Sonntag.

Die Kumpels

Von Tag zu Tag vermehrte sich mein Bekanntenkreis, immer neue Proletarier lernte ich kennen, und ich vermochte bald in die Seele einer Menschenklasse zu blicken, die mir bisher völlig dunkel und fremd schien. Menschen umgaben mich hier, Menschen, wie sie in allen Schichten des Volkes zu finden sind: gute und böse, weiche und harte, innerliche und äußerliche, offene und verschlossene, Menschen mit hohen Idealen und andere, stumpfe, an die Materie gebundene. Doch eins unterschied sie von den Menschen anderer Stände: sie waren leichter zu erkennen und zu erfassen, unkomplizierter, klarer – ihre guten oder schlechten Eigenschaften lagen nicht verborgen unter Formen der Konvention, jeder zeigte sein wahres Gesicht. Ein kurzes Gespräch mit einem Arbeiter konnte mir die Möglichkeit geben, sein Wesen zu verstehen.

Das Verhältnis der Bergleute zu mir stellte sich denkbar gut. Obwohl mein Name und Stand den meisten bekannt waren – so etwas sprach sich schnell herum –, machte man mir keine Schwierigkeiten: ich wurde als mitarbeitender Kamerad geachtet. Hierbei muß ein Vorfall erwähnt werden, der in zweierlei Beziehung wesentlich für mein späteres Leben als Bergmann war, erstens, da er mir die Bekanntschaft und Freundschaft eines wertvollen und guten Menschen verschaffte, zweitens dadurch, daß meine Stellung unter den Arbeitern in einem gewissen Sinne geklärt und gefestigt wurde.

Bei Schichtende, wenn wir zum Schacht strömten, um wieder über Tag befördert zu werden, schlossen sich die Bergleute, die aus den verschiedensten Strecken und Arbeitsstellen kamen, zusammen, um gemeinsam den Weg zu gehen, wobei natürlich lebhafteste Unterhaltung stattfand.

Eigentlich drehte sich das Gespräch stets ausschließlich um drei Themata: Lohnverhältnisse, Politik, Weibergeschichten. Am Schacht, wo wir ja gute Zeit warten mußten, bis die Nummern verteilt waren, fand die Fortsetzung des Gespräches statt: Gruppen von Arbeitern standen zusammen und diskutierten, d. h. zwei Mann stritten sich gewöhnlich über irgendeine politische Frage, während die übrigen im Kreise herumstanden und durch Zurufe Beifall oder Ablehnung zum Ausdruck brachten. Diese Diskussionen erfreuten sich allgemeiner Beliebtheit und wurden besonders von den Vertrauensleuten der kommunistischen Partei gepflegt, da sich hier für redegewandte Leute gute Gelegenheit zur Propaganda fand.

Eines Tages stand ich mit Franz, einem Bremser, einem stillen, weichen Menschen, der nicht weit von unserer Arbeitstätte die Förderhaspel bediente, auf die Beförderung wartend am Schacht. Nicht weit von uns hörten wir scharfen Wortwechsel in einer kleinen Ansammlung. „Eine der üblichen Diskussionen," dachte ich. Da nahm mich der Bremser am Arm, zeigte auf einen der Redenden und sagte: „Sieh mal, Alex, dort diesen. Das ist 'ne berühmte Nummer, der Heinrich! Er war einer der Führer im Arbeiterrat während des mitteldeutschen Aufstandes; hat auch in der roten Armee gekämpft. Den mußt du kennen lernen, 's ein verdammter Fanatiker, aber 'n guter Kerl, für die Kumpels gibt er sein letztes Hemd!"

Mit Anteilnahme blickte ich auf den Bezeichneten, einen mittelgroßen, schlanken und sehnigen Menschen von jungen Jahren. Aus einem hübschen, wohlgeformten Gesicht, von der allen Bergleuten eigenen gelblichen Färbung – als Mittagsschichtler hatte er noch ein reines Gesicht – blitzten fanatische, graue Augen. Ein kleiner, nach oben gekämmter, schwarzer Schnurrbart und dunkle Haare, die unter dem schiefen Schlapphut auf die Stirne fielen, gaben ihm das Aussehen etwa eines Tirolers. Seine Ausdrucksweise, logisch und gebildet, deutete auf starke Belesenheit, er sprach im leichten schlesischen Dialekt, doch nicht auffallend, mit klangvoller, eindringlicher Stimme.

Mich packte plötzlich das Verlangen, mitzureden, obwohl das Sinnlose des Wunsches mir sofort einleuchtete und eine weise Zurückhaltung, bei meiner Stellung, sicher eher am Platze gewesen wäre. Doch der Drang war zu stark, plötzlich stand ich mitten im Kreise und redete drauflos, ohne weiteres zu überlegen. Über die Einzelheiten des Gespräches bin ich mir nicht mehr im klaren, es handelte sich jedenfalls um die prinzipielle Möglichkeit der Aufrichtung einer Arbeiterdiktatur. Ich suchte zu widerlegen, begründete meine Behauptungen und fand wohl auch die richtigen Worte für meine Gedanken. Mein Partner freute sich, einen ebenbürtigen Gegner gefunden zu haben, trotzdem er ja durch Übung und bessere Kenntnis der Arbeiterpsyche mir an Redegewandtheit weit überlegen war. Immer schärfer fielen die Worte, Grund folgte auf Gegengrund, und mit größter Spannung hörten die Männer um uns dem Disput zu. Schließlich, in der Hitze des Streites, nicht aus Überzeugung, sondern einem reinen, mir angeborenen Widerspruchsgeist, rief ich laut aus: „Wahrlich, zehnmal lieber die Diktatur eines reaktionären Generals wie Ludendorff, als Herrschaft des Proletariats, oder der Straße, was ja dasselbe ist!"

Einen Augenblick herrschte Totenstille – solche Worte hatte man hier wohl noch nie gehört. „Mein Gott, welch sinnlose Dummheit!" fuhr es mir durch den Kopf. Dann sprang Heinrich mit einem Satz vor, packte mich am Hemd – ich umklammerte die Grubenlampe, um mich zu wehren, denn nun schien mein letztes Stündlein geschlagen zu haben –, da hörte ich die Stimme meines Gegners: „Da seht, Kumpels, diesen Kerl, der wagt doch wenigstens seine

Meinung zu sagen, obwohl er weiß, daß wir alle anders denken. Der hat verdammt mehr Courage als ihr alle zusammengenommen. Ihr seid ja alle feige Hunde, wenn wir euch aufklären im Kampf gegen das Kapital, sagt ihr Ja und Amen, aber wenn's darauf ankommt, beim Streik oder so, kriecht ihr vor den Ausbeutern und tanzt nach ihrer Pfeife! Da könnt ihr euch an diesem hier schon ein Beispiel nehmen, der tanzt nach keiner Pfeife, sondern tut, was er will! Wenn wir alle so denken würden wie dieser, in unserer Art, könnten wir Deutschland in 24 Stunden umkrempeln!"

Ich war natürlich heilfroh über diese merkwürdige Wirkung meines unvorsichtigen Ausspruches, die meine Stellung unter den Bergleuten stark festigte – es hätte ja ganz anders kommen können. Einer der einflußreichsten Arbeiter hatte sich für mich eingesetzt, ja sogar im bestimmten Sinne mich als Beispiel präsentiert, nun konnte ich mich sicher fühlen! Überhaupt konnte man schon unter den Bergleuten eigene, abweichende Ansichten aussprechen, wenn man unter ihnen als Kumpel lebte, dieselbe Arbeit tat und Freud und Leid teilte, es kam eben nur auf die Art des Sagens, nicht auf das Gesagte an. Ich hatte den richtigen Ton getroffen. Ein anderer Student zum Beispiel, der vor mir hier tätig war, hatte es nicht verstanden sich durchzusetzen, schon nach einer Woche erhielt er Prügel und mußte das Feld räumen, während ich in der ganzen Zeit meines Bergarbeiterlebens nicht einen einzigen Feind hatte.

Nach diesem Vorfall kam ich oft mit Heinrich zusammen. Er hatte Schichtwechsel, und so traf es sich, daß wir täglich gemeinsam zur Arbeitsstätte gingen, er arbeitete ein Stück weiter in einer Seitenstrecke als Hauer. Ich empfand eine starke Zuneigung zu diesem Menschen, der für seine Ideale – er träumte von einem kommunistischen Weltreich – zu jedem Opfer bereit war. Heinrich hatte früher in schlesischen Bergwerken gearbeitet, doch nie lange an einem Ort: wegen seiner politischen Gesinnung und Betätigung entließ man ihn stets nach kurzer Zeit, was einen harten Schlag für ihn bedeutete, da er Frau und zwei Kinder zu ernähren hatte. Monatelang hungerte er sich und seine Familie durch, bis er neue Arbeit fand. Doch überall wiederholte sich dasselbe Schauspiel. Schließlich gelang es ihm, sich hier festzusetzen, seit vier Jahren lebte er im Ruhrgebiet. Da er ein besonders tüchtiger und fähiger Arbeiter war, drückte man die Augen zu und behielt ihn trotz seiner politischen Wirksamkeit. Aber fast ständig stand er unter scharfer Kontrolle, und schon mehrmals hatte man ihm mit Entlassung gedroht.

Während des Aufstandes in Mitteldeutschland nach dem Kapp-Putsche kämpfte er in der vordersten Linie gegen die Regierungstruppen und holte sich eine Verwundung. Später hatte man ihm die Möglichkeit gegeben, in der Partei eine Rolle zu spielen, eventuell in den Reichstag zu kommen – seine Beredsamkeit und Belesenheit schienen ihn dafür geeignet zu machen –, doch lehnte Heinrich alle diese Vorschläge entschieden ab. Er fühlte sich als Proletarier, wollte Proletarier bleiben und nicht als Parteibonze die Rolle des „Intellektuellen" spielen.

Von anderen Arbeitern vernahm ich, daß er tatsächlich sein letztes Hab und Gut für seine Kameraden opferte: in den schweren Tagen des Streiks oder der Aussperrung stand sein „Haus", d. h. zwei winzige Zimmer in einer Mietskaserne, für jeden Kumpel offen. Dann verteilte er die letzten Bissen, die er noch auftreiben konnte, und versuchte mit allen Mitteln, Mut und Zuversicht zum Durchhalten zu verbreiten. Die Arbeiter sahen in ihm einen Führer. Als Mensch war Heinrich weich und empfänglich, man fühlte aus seinen Worten das starke Mitleid für seine Genossen. Einmal, als wir vor der Auffahrt am Schacht standen, sagte er, mit der Hand auf die Schar der geschwärzten Männer zeigend: „Sieh, Kumpel, diese Menschen, die verdammt sind, unter einem verbrecherischen System zu schuften! Sie ächzen und stöhnen unter ihrem Joch, verfluchen ihre Ausbeuter und ahnen nicht, daß sie alle nur selbst schuld sind, wenn sie wie die Schweine leben! In der Stunde, wo alle Proletarier der Welt erkennen, daß sie allein die Macht gewinnen können, wenn sie nur wollen und sich die Hand reichen, stirbt das Kapital!"

Heinrich gehörte zu den Ausnahmen, doch gab es noch verschiedene Menschen, die sich von der stumpfen Masse abhoben. Ein merkwürdiger Kerl zum Beispiel war der bucklige Maschinenführer Jakob, den ich jeden Morgen traf, wenn er, auf seiner Lokomotive sitzend, mir entgegenrasselte. An der Stelle, wo unsere Bremse stand, befand sich ein Ventil in der Druckluftröhre, die sich an der Decke entlang zog. Hier hielt Jakob zweimal während der Schicht, um die Fördermaschine mit Luft zu füllen, und so traf es sich, daß wir ins Gespräch kamen, wenn ich gerade beim Umladen oben beschäftigt war. Schon von weitem hörte ich seine Stimme: „Glückauf, Gräflein, wie geht's, Gräflein, was gibt's Neues, Gräflein?" Im allgemeinen nannte man mich: Gräflein, Weißgardist oder Alex. Jakob setzte sich dann zu mir und schwatzte wie ein Wasserfall. Er war von winzigem Wuchs, hatte spindeldürre Beine – wie alle Buckligen – und ein ausgesprochenes Kasperlgesicht: vorschwingendes Kinn und lange, krumme Nase; immer grinste er verschmitzt. Jakob galt als die größte Klatschtante im Bergwerk, er wußte alles, kannte die genauen Verhältnisse jedes einzelnen Bergmannes, erzählte von sämtlichen Stänkereien und Streitigkeiten, die geschahen, wobei er sehr viel scharfen und boshaften Witz entwickelte. Einmal sagte er zu mir: „Weißt du, Gräflein, Gott verdamm mich, wenn man dich so sieht und hört, könnte man glauben, daß es gar nicht nötig wäre, alle von euresgleichen aufzuhängen." – „Wen willst du denn aufhängen?" fragte ich. „Na, doch euresgleichen, diese ganze Bande von Junkern, Pfaffen und Kapitalisten, damit endlich Ruhe und Frieden herrscht!" So entpuppte Jakob sich als radikaler Kommunist. Trotz seiner blutrünstigen Ansichten war er die Gutmütigkeit selber, teilte oft mit mir sein Brot und gab mir von seinem Kaffee, ja, eines Tages erhielt ich von ihm eine Tafel Schokolade geschenkt!

Jakob hatte einen Begleiter – als Hilfe für den Maschinisten, besonders beim An- und Abkuppeln der Wagen –, einen Knaben von 15 Jahren mit großen, traurigen Augen und einer Stimme wie ein Mädchen. Ich sprach oft mit ihm und fühlte eine zarte und reine Seele.

Mit einem langen, mageren Bergmann ging ich oftmals zusammen, der von den Kumpels „Professor" genannt wurde. Er hatte Haeckel gelesen, trat als überzeugter Monist auf und interessierte sich brennend für die Naturwissenschaften. Ich staunte über sein großes positives Wissen, er verstand in einfacher und klarer Weise darüber zu reden.

Seinen Freund, einen kleinen und schiefen Menschen mit Glatze und schwarzem Schnurrbart – täglich frisch rasiert, zeigte sich ein bläulicher Glanz um Lippen und Wangen – lernte ich gleichzeitig schätzen. Ihn erfüllte ungeheure Sehnsucht nach Wissen und Erkenntnis, er fragte sehr viel und hatte für alle geistigen Gebiete Empfänglichkeit. Philosophie, Kunst, Literatur und auch die Astronomie bildeten ein beliebtes Gesprächsthema für uns beide.

Zu den geistig Regsamen gehörten auch die meisten Anarchisten, die unter den Bergleuten zahlreich vertreten waren. Einige hatten die Werke von Stirner, Bakunin und Nietzsche gelesen, aber fast alle kannten die Schriften Peter Krapotkins. Viele anregende Diskussionen fanden zwischen uns statt.

Auffallende Erscheinungen bildeten die Häußeranhänger schon rein äußerlich: sie schnitten sich Haare und Bart nie, so daß sie lang herunter wallten. Doch fanden sie sich nur ganz vereinzelt unter den Bergleuten. Mit einigen sprach ich, sie hatten vollständig wirre, unklare Gedanken, redeten vom Übermenschentum, dem „heiligen Ich-Menschen", vom neuen Heiland und ähnliches, es schien ein Gemisch von anarchistisch-christlichen Ideologien. Sie waren begeisterte Idealisten, erfüllt von heißem Fanatismus – im übrigen tüchtige Arbeitsleute.

Ebenfalls selten sah man die „Ernsten Bibelforscher", Anhänger einer neuen kirchlichen Sekte nach amerikanischem Muster, religiöse Schwärmer, die von dem bevorstehenden Weltuntergang redeten. Unter den Arbeitern hatten sie einen schweren Stand, wurden verhöhnt und lächerlich gemacht. Ein „Bibelforscher" ist mir besonders in Erinnerung, ein Sachse, groß, blond, kräftig, mit blondem Bart und wasserblauen Augen, den alle spöttisch „Christus" nannten. Einmal bei Arbeitsschluß, als er wie gewöhnlich verhöhnt wurde, bekam er einen Wutanfall, die Adern auf der Stirn schwollen, er packte mit seinen Riesenfäusten einen kleinen, besonders frechen Burschen, hob ihn in die Höhe – plötzlich setzte er ihn ganz sacht wieder auf den Boden, murmelte: „Verdammt nein, das darf ich nicht!" und ging schweigend davon. Dieser Vorfall machte sichtlich großen Eindruck auf die Bergleute; seitdem ließ man den „Christus" in Ruhe.

Die große Masse der Bergarbeiter aber war stumpf und grau, ohne geistige Wünsche, schwer an der Materie klebend, seelenlose Arbeitsmaschinen mit dumpfem Haß gegen den Staat und das herrschende Wirtschaftssystem. Aber auch gegen die eigenen Vertrauensleute im Betriebsrat und gegen die Arbeiterabgeordneten in der K.P.D. usw. hatten sie starkes Mißtrauen, weil sie annahmen – häufig natürlich mit Recht –, daß diese „Intellektuellen" nur noch eigene Interessen vertraten. „Beschissen werden wir doch von allen," sagte mir einmal Franz, „aber von der K.P.D. am wenigsten, darum wählen wir sie!"

Die Beamten, Vorgesetzten, Betriebsführer usw. wurden ebenfalls gehaßt, man sah sie als „Kapitalistenknechte", „Arbeiterschinder" an, und so ein Verhältnis wie zwischen Bergleuten und dem Steiger Balthmann auf Revier 12 gehörte schon zu den Ausnahmen. Diese Abneigung mochte zum Teil darin begründet sein, daß die Vorgesetzten, die fast durchweg aus dem Arbeiterstand kamen, sobald sie eine Stufe über den gewöhnlichen Arbeitern standen, sich innerlich völlig vom Proletariat trennten und als Zugehörige einer höheren Klasse betrachteten. Zwischen dem gewöhnlichen Bergmann und dem Betriebsingenieur, der aus bürgerlichen Kreisen stammte, konnte ein besseres Verstehen sein als mit dem niedrigsten Vorgesetzten, dem Vorarbeiter, der selbst Proletarier war. Es mochte so ähnlich sein wie beim Militär, wo man Gefreite und Unteroffiziere weniger liebte als die höheren Vorgesetzten.

Politisch standen die Bergleute radikal links: die meisten waren Kommunisten, Anarchisten, Syndikalisten, wobei die Kommunisten an Anzahl und Stärke bei weitem überwogen. Der größte Teil betrachtete die Politik als reine Magenfrage, er wählte kommunistisch nicht aus Überzeugung – wirklich überzeugte Kommunisten gab es selten –, sondern weil er glaubte, daß die K.P.D. am entschiedensten die Arbeiterinteressen vertrat.

Die Anarchisten, die ja weltanschaulich weit von den Kommunisten abwichen – sie betonten das individualistische Prinzip (erst muß ich mich ändern, dann kann sich die Welt ändern) und lehnten jede Form eines Staates ab – und ebenfalls die Syndikalisten, die mit den Anarchisten ziemlich übereinstimmten, aber das individualistische Prinzip noch mehr hervorhoben, spielten als praktische Macht überhaupt keine Rolle, in allen entscheidenden Fragen, bei

Streiks, Aufrufen usw. standen sie geschlossen hinter der K.P.D.

Unter den älteren, also „konservativ“ eingestellten Arbeitern gab es auch Sozialdemokraten, doch hüteten sich diese wohlweislich, ihre Meinung laut zu sagen, denn die Sozialdemokratie gehörte zu den gehaßtesten Parteien. „Von allen falschen Hunden,“ erklärte mir einmal Franz, als wir über dieses Thema sprachen, „sind die Sozialdemokraten die falschesten! Während des Krieges haben die elenden Brüder die Kriegskredite bewilligt, damit die Kapitalisten Geld genug hatten, die Proleten auf die Schlachtbank zu schikken. Als die Arbeiter diesem Verbrechen ein Ende machen wollten und den Munitionsstreik ausriefen, waren es die Sozialdemokraten, die Eberte und Scheidemänner, die den Streik abwürgten und den Kapitalisten die Möglichkeit gaben, weiter die Kumpels in den Tod zu hetzen. Und als dann schließlich das Volk die Geduld verlor und die Revolution machte, damit endlich das Massenmorden aufhören sollte, und die Zeit gekommen war für die Herrschaft des Proletariats, da waren es wieder die verdammten Sozialdemokraten, der Bluthund Noske und Konsorten, die aufs Volk schießen ließen und die Revolution niederknüppelten! Dann wurde die herrliche ‚demokratische Republik‘ eingerichtet, in der nur noch die Kapitalisten zu reden haben und in der man uns ausbeutet wie nie zuvor! Und wem ist dies alles zu verdanken? Der gottverfluchten Sozialdemokratie, diesem Gesindel von Stellenjägern und Kapitalistenknechten!“ Der Ausdruck „Bluthund Noske“ galt als größtes Schimpfwort und schwerste Beleidigung unter den Bergleuten.

Da die Arbeiterschaft des Ruhrgebietes unter der französischen Besatzung besonders zu leiden hatte, empfand sie naturgemäß großen Haß gegen die Franzosen, doch richtete er sich weniger gegen die Franzosen als solche, als gegen den

Militarismus überhaupt: die Reichswehr wurde genauso gehaßt. Doch verblaßte diese Abneigung im Vergleich zu dem Haß, der die Bergleute gegen die Schupo beseelte – er war geradezu krankhaft. In der Polizei sahen sie den Todfeind des Proletariats, die bezahlten Söldnerknechte des Kapitals. Zusammenstöße standen auf der Tagesordnung, und es geschah nicht selten, daß Polizeibeamte hinterrücks ermordet wurden. Als ich einmal mit einem Bergmann durch Hamborn gehend nach einer Straße suchte und sagte: „Fragen wir doch den Schupomann dort, der kann uns Auskunft geben," sah mich mein Begleiter ganz erstaunt an, spuckte aus und brummte: „Lieber verrecke ich von vielem Suchen, als daß ich mit so einem Bluthund auch nur ein Wort rede!"

Ein beliebtes Gesprächsthema, außer Lohnfragen und Politik, bildeten Weibergeschichten, und aus diesen Gesprächen ließ sich ein geradezu verheerender Tiefstand in den Sittenbegriffen erkennen. Die Männer sprachen in unflätiger Weise von ihren Frauen und erzählten von ihren intimen Beziehungen zu den Frauen ihrer Kameraden. Ich hörte, wie ein Bergmann zu einem Hauer sagte: „Du, Anton, vorige Woche, als du Nachtschicht hattest, hab ich bei deiner Alten geschlafen!" Der Hauer antwortete gleichmütig: „Tu, was du willst, Junge, nur laß dich nicht dabei erwischen – sonst bleibt kein Dreck von dir übrig!"

Eines Morgens vor der Einfahrt, ich stand dicht vor dem Förderkorb, hörte ich, wie hinter mir ein junger Kerl seinem Vordermann zurief: „Gestern hab ich Feierschicht gemacht und bei dem Hans seiner Alte ge...!" Da ertönte ein heiserer Schrei, ein langer, schwarzbärtiger Mensch stürzte auf den Sprecher zu, und mit den Worten: „Elendiger, Gottverdammter, krummer Hund, Schwein verfluchtes!" schlug er ihm um die Ohren, daß der Betroffene wie ein Betrunkener taumelte. In diesem Augenblick mußte ich einsteigen und konnte die Fortsetzung des Streites nicht mehr verfolgen.

Ich erfuhr, daß der Schwarzbärtige der Ehemann war. Nach der Schicht sah ich die beiden, den Gatten und den „Hausfreund“, friedlich zusammen gehen unter freundschaftlichen Gesprächen; durch die Ohrfeige hatte der Fall seine Erledigung gefunden! Solche Dinge geschahen täglich, ich hörte, daß es ganz üblich sei, wenn die Kostgänger – sehr viele verheiratete Familien nahmen Ledige als Pensionäre auf – mit den Frauen ein Verhältnis begannen. Gewöhnlich kam es dazu, wenn die Männer andere Schichtzeit hatten. Die Ehemänner nahmen solche Entgleisungen nicht allzu tragisch, ließen sie meist stillschweigend zu. Nur wenn sie die Schuldigen direkt auf frischer Tat ertappten oder es sonst irgendwie augenfällig wurde, gab es eine Prügelei oder auch Messerstecherei; doch vertrug man sich dann rasch wieder und trug niemandem etwas nach.

Die Wohnungsverhältnisse der Bergleute waren denkbar schlecht. Ich besuchte viele Kameraden in ihren Wohnungen und mußte mich von einer erschreckenden Notlage überzeugen. Nicht, daß die Wohnungen schmutzig oder dumpf waren – das lag nur an den Frauen, die den Hausstand führten –, furchtbar wirkte die überall herrschende drückende Enge. In ein bis zwei Zimmern lebten die Familien zusammengepreßt, mit meist mehr als zehn Kindern! Man stelle sich dieses geballte Zusammenleben in einem großen Mietshause vor: das ganze Haus ist von den Alltagsgeräuschen erfüllt, die Ausdünstungen der zahlreichen Einwohner, die Küchengerüche verpesten die Luft, das Leben jeder Familie liegt offen vor dem Nachbarn, ewiger Klatsch, Stänkereien und Gezänk verbitterten die Einwohner untereinander! Und dann die entseelende, tödliche Gleichmäßigkeit dieser kasernenmäßigen Häuser und Wohnungen, jede persönliche, eigene Note fehlte gänzlich: die Menschen, die hier aufwuchsen und lebten, mußten ja schließlich zu grauen, inhaltslosen Wesen werden!

Diese Wohnungsmißstände übten naturgemäß die verderblichste Wirkung auf die heranwachsende Jugend aus: durch das enge Beieinanderleben in den winzigen Räumen wurden die Kinder von klein auf Zeugen des ehelichen Umganges der Eltern. Da diese fast den ganzen Tag schwere Arbeit zu leisten hatten, kümmerte sich niemand um die Kinder, die, völlig sich selbst überlassen, auf den Straßen Unfug trieben. Ich sah häufig ganz kleine Kinder auf dem Pflaster spielen, die sich mit unflätigsten Worten beschimpften. Mit 15 und 16 Jahren hatten die meisten Mädchen schon ihren „Freund"; die Zahl der unehelichen Kinder war erschreckend groß. Bordelle gab es in Hamborn nicht, doch herrschte die freie Prostitution, und die Geschlechtskrankheiten hatte eine unheimliche Verbreitung. –

So verschiedenartig die Bergleute in ihrem Wesen und in ihren Anlagen auch sein mochten, es gab doch etwas, das sie verband, sie als „Bergleute", als eine bestimmte Klasse von Menschen mit eigenen Gesetzen und Anschauungen kenntlich machte; doch läßt sich dieses dem Außenstehenden nicht mit Worten ausreichend erklären: es liegt im Gefühl und nicht in aufzählbaren Tatsachen. So wie rein äußerlich sich der Bergmann von anderen Proletariern unterscheidet durch die eigentümliche gelblich-bleiche Gesichtsfarbe, die durch Einwirkung der Kohlengase und Grubenluft entsteht, und durch die tief in den Höhlen liegenden Augen, die, stets dunkel umschattet, einen übernächtigten Eindruck hervorrufen – liegt auch eine starke Eigenheit in der Art seines Sich-Gebens: eine besondere Mischung von Schwerfälligkeit und Müdigkeit.

Streik

Der Sommer kam, drückende Hitze lag schwer auf den Menschen. Ja, der Aufenthalt in der Grube schien uns angenehmer als oben in der staubdurchwehten, heißen, rußigen Luft. Noch wuchtender lasteten die Alltagssorgen auf den Arbeitern.

Die Mark hatte fast jeden Wert verloren, die Preise stiegen in wahnsinniger Hast täglich, stündlich. Die Löhne wurden nur gering erhöht – monatlich einmal – und standen im schreienden Gegensatz zur Teuerung. Zweimal im Monat erhielten wir Geld, ein Restlohn in Höhe eines Drittels des Monatsgehaltes wurde zurückgehalten und kam erst im nächsten Monat zur Auszahlung. In normalen Zeiten konnte dieses Prinzip durchaus begrüßt werden, da auf diese Weise die Restsumme sichergestellt war und die Arbeiter so zum Sparen gezwungen wurden – nun bei der ständig wachsenden Entwertung erreichte man das Gegenteil: das Geld hätte man ebensogut aus dem Fenster herauswerfen können! Im Verdienstmonat hätte der Restlohn etwa ausgereicht, um ein Paar Schuhe zu kaufen, nach der Auszahlung dagegen konnten wir uns nicht einmal ein Paar Stiefelschnüre erstehen!

Die Not und Erbitterung des Proletariats vergrößerte sich täglich. Auf den Straßen standen hohlwangige, bleichsüchtige Frauen mit halbverhungerten Kindern vor den Lebensmittelläden und starrten auf die wahnsinnigen Preise der Auslagen. Eine schwüle Gewitterstimmung, beängstigend und quälend, schien über allem zu schweben.

Die Gewerkschaften traten mit den Industriellen in Verhandlungen, um höhere Löhne durchzudrücken. Man fand nur geringes Entgegenkommen, und die Verhandlungen zerschlugen sich. Es war allen klar: die Arbeiter mußten zur Selbsthilfe greifen; als einziges Mittel, berechtigte Forderungen durchzusetzen, blieb nur noch ein Ausweg offen – der Streik!

Eines Morgens, als ich wie täglich zur Zeche ging, konnte ich schon von weitem eine riesige Menschenmenge erkennen, die den breiten Raum vor dem Zechengebäude ausfüllte. Das Summen der Stimmen und Fußscharren von unzähligen Arbeitern, unterbrochen und übertönt durch laute Zurufe und Flüche, schallte weithin. Bald drückte ich mich durch die Masse, sah wutverzerrte, bleiche Gesichter und erkannte die einzelnen Redner, die, auf Balken und gestapelten Schienen und Eisenplatten stehend, aus der Menge emportauchten und leidenschaftlich und gestikulierend auf die Leute einredeten. Nicht weit von mir stand ein großer, plumper Bergmann mit hängendem roten Schnurrbart, der mit den Armen in der Luft schwankte und etwas brüllte. Ich hörte einzelne Worte: „Elender Hundsfott, wer den Kumpeln in den Rücken fällt und den Streik bricht! … Kapitalistenhunden die Zähne zeigen … zusammenhalten bis zu Sieg … erst wenn anständige Löhne gezahlt werden, wird weiter geschuftet!“ Von anderen Seiten höre man ähnliche Worte.

Fest stand, daß der allgemeine Streik ausgerufen war und heute morgen kein Bergmann einfuhr. Unsinnige Gerüchte schwirrten umher, man sprach von der Entwaffnung der Polizei, die rote Arbeiterwehr hätte den Straßendienst übernommen, eine rote Armee sei gebildet und wäre im Anmarsch auf Hamborn. Die Rathäuser sollten erstürmt werden. Andere erzählten von der Ausrufung des Sowjetstaates im Ruhrgebiet.

Drängend und stoßend kam ich weiter und traf den buckligen Jakob, der die Hände in den Taschen seines zerlumpten Jacketts hielt und übers ganze Gesicht grinste: „Na Gräflein, nu geht’s los, Gott verdammt noch mal! Die Proleten haben's endlich satt bekommen, wie Hunde behandelt zu werden, jetzt sollen die Kapitalisten was zu riechen kriegen!"

Irgendwo stieß ich auf Franz, der stand in seiner gleichmütigen Art, die langen, dünnen Beine auseinandergestemmt, kaute und spuckte. „Man sollte gar nicht so viel Federlesens machen," brummte er, stockheiser vom vielen Reden, „und einfach dem ganzen Gesocks die Hirnschalen einschlagen."

Dann sah ich auf einer erhöhten Stelle Heinrich, der eine Rede hielt. Ich hörte die letzten Sätze: „Ruhe und Disziplin müssen die Proleten halten, wenn sie was erreichen wollen. Jeder gehe ruhig nach Hause und treibe sich nicht auf der Straße rum! Wir dürfen uns nicht von den Kapitalistenknechten provozieren lassen, Zusammenstöße und Blutvergießen kommen nur dem Kapital zugute, das dann einen Grund hat, gewaltsam gegen uns vorzugehen. Und nicht saufen! Wer ein Kommunist ist und etwas auf sich hält, säuft nicht! Jedes Geldstück in Lebensmitteln anlegen! Der Streik kann verdammt lange dauern, aber durchhalten müssen wir, wenn wir nicht in aller Ewigkeit versklavt leben wollen!"

Andere sprangen auf die Erhöhung und redeten. Es gelang mir, mit Heinrich zusammenzukommen. „Nun, Kumpel, wie stehst du zu unserem Streik?" rief er mir zu. „Sieh mal," sagte ich, „in diesem Falle bin ich ganz auf eurer Seite. Ich erkenne die Berechtigung dieses Streiks voll an und werde ebenfalls nicht arbeiten, auch wenn mir die Möglichkeit geboten würde. Da ihr bei diesen Löhnen verhungern müßt, höhere Löhne nicht bewilligt werden, bleibt euch nur Selbsthilfe übrig!" Heinrich schüttelte mir die Hand: „Das ist verdammt anständig von dir, Alex, daß du mit uns hältst. Unsere einzige Parole: Durchhalten! Wenn auch der Kumpel seinen Riemen enger schnallen muß, lieber zwei Wochen ordentlich hungern, als ewig halbverhungert schuften müssen!"

Die Steiger und Betriebsführer hatten sich auch eingefunden, sie standen einige Zeit zuhörend und entfernten sich wieder. Allmählich verzog sich die Menge.

Da ich mich sehr müde fühlte, legte ich mich noch einige Stunden ins Bett. Beim Mittagessen machten sich die ersten Folgen des Streikes bemerkbar: es gab kein Fleisch, nur Kohl und Kartoffeln. Meine Stubengenossen sprachen von Plünderungen und Schießereien in der Stadt. Kurz nach dem Essen wurde unsere Türe aufgerissen, einige Arbeiter stürzten herein und schrien: „Ihr Kumpels, das Rathaus wird gestürmt, die rote Armee ist im Anmarsch auf Hamborn, um uns zu unterstützen. Alles zum Rathaus!" Das ganze Ledigenheim stand auf den Beinen, die Arbeiter redeten durcheinander, wildeste Gerüchte verbreiteten sich. Ich schloß mich den Leuten an, die zum Rathaus wollten.

Das erste, was in den Straßen von Hamborn auffiel, waren die zahlreichen, schwer bewaffneten Streifen der Grünen, die überall umherzogen, die Polizei hatte also durchaus noch die Macht in den Händen. Sämtliche Läden lagen geschlossen, eiserne Gitter verdeckten die Scheiben. Überall fluteten Menschen, alles strebte einem Ziele zu – dem Rathaus! Bald lag es vor uns, doch eine gewaltige Masse versperrte jede Aussicht. Viele tausende von streikenden Männern und Frauen versammelten sich hier.

Endlich gelang es mir, die Stufen eines Eckhauses zu erklimmen, und nun hatte ich einen guten Überblick. Der Platz vor dem Rathausgebäude war durch eine Kette von etwa zwölf Polizeibeamten abgesperrt. Die Beamten trugen Karabiner schußfertig im Arm, Patronenstreifen hingen über den Hals. Die Masse drängte sich bis dicht an die Kette heran, wagte aber nicht weiter zu dringen. Die breite Straße, die sich vom Rathausplatz zur Arbeiterkolonie hinzog, stand schwarz von Menschen. Arbeiter aus sämtlichen Zechen der Gewerkschaft Thyssen, von den Hochöfen, die ebenfalls im Streik standen, Weiber, Kinder – ganz Hamborn und Umgebung schien sich hier zusammengefunden zu haben. Ich sah erbitterte, erregte Gesichter, aus dem gewaltigen Gesumme und Gedröhne dieser Riesenmasse, dem Scharren, Trampeln, Klappern der ungezählten Füße ertönten einzelne laute Ausrufe: „Bluthunde, Noske, Kapitalistenknechte, grüne Teufel!" Dann hörte man wieder die scharfen Kommandostimmen der Beamten: „Nicht stehen bleiben, weitergehen, der Platz bleibt gesperrt!"

Eine dumpfe, wütende Erregung lag in der Luft, die sich von Sekunde zu Sekunde steigerte. Die Masse übt eine merkwürdig hypnotische Wirkung auf jeden Einzelnen aus, jegliches individuelle Gefühl stirbt, jeder fühlt sich restlos aufgesogen von einer starken Macht. Die „Masse" bildet ein Wesen für sich, mit eigener Seele, eigenen Empfindungen und eigenem Wollen, gänzlich unabhängig vom einzelnen Glied. Das hysterische Wutgekreisch eines Weibes kann die Masse in rasende Wut bringen und sie zu sinnlosesten Gewalttaten reißen – wobei die einzelnen Menschen noch so friedfertig und gutmütig sein mögen –, das Lachen eines Kindes oder ein Witzwort sind imstande, die größte Wut sofort zu dämpfen. Ich fühlte deutlich diese gewaltige Kraft der Masse, und trotz des innerlichen Abscheus gegen den Pöbel – „Pöbel" entsteht sofort, wo sich Haufen von Menschen in erbitterter Stimmung zusammenrotten – konnte ich der fieberhaften Erregung, die sich meiner bemächtigte, nicht widerstehen.

Dicht neben Bergleuten eingeklemmt, vernahm ich einzelne Gesprächsfetzen: „Habt's nur Geduld, bald kommen die Roten, die werden unter den grünen Banditen schon gründlich aufräumen!" … „Ach, gottverdammt, diese ewige Warterei, sollte lieber gleich losgehen, einfach die Hunde über den Haufen rennen und rein ins Rathaus!" … „Fang doch zuerst an, du mit deiner großen Fresse, wenn's dir

Spaß macht, ein paar Kugeln in deinen Fettwanst zu kriegen!" … „Es ist ja alles Mist, sollten verdammt lieber nach Hause gehen, als hier die Füße in den Leib zu stehen! Was kommt den dabei heraus? Schießereien, Tote – Dreck!" … „Ach, du verfluchtes, feiges Arschloch! Wenn alle so denken würden, könnten wir gleich wieder einfahren und bei halbem Lohn zehn Stunden schuften!" … Es war klar, früher oder später mußte eine Katastrophe entstehen, die Wut und Aufregung vergrößerte sich deutlich wahrnehmbar, irgendwie mußte die Volksleidenschaft sich Bahn brechen. Und dieser Ausbruch kam eher, als ich es dachte!

Plötzlich verebbte das Summen der vielen Stimmen – eine fast unheimliche Stille trat ein. Die Volksmenge teilte sich hinten und ließ einen geschlossenen Zug frei, der geradeaus auf die Polizeikette hinmarschierte. Es war eine geschlossene Abteilung von etwa zwanzig Proletarierweibern, die aus der Masse trat und nun zwischen der ersten Reihe der Menge und den Polizisten stand. Die Weiber wirkten erschütternd, wieder mußte ich an die Gestalten der Käthe Kollwitz denken: schwindsüchtige, eingefallene, gelbe Gesichter, magere, verhärmte und verbrauchte Körper, die fast in Lumpen staken. In derben Arbeitsfäusten trugen einige Plakate an langen Stangen. In grellen Buchstaben schrie es: „Gebt uns Brot – unsere Kinder hungern!" … „Denkt an die Arbeiterkinder!" … „Wir wollen keine Almosen – wir wollen unser Recht!" In das jetzt wieder einsetzende Gemurmel der Masse schrillte die Stimme eines hageren Weibes an der Spitze des Zuges dicht an der Beamtenkette: „Laßt uns durch, wir wollen ins Rathaus zum Magistrat!" Ein junger Polizeioffizier, den Revolver in der Hand, schrie: „Nicht durchlassen, der Platz ist für jeden gesperrt!"

Es schien offensichtlich: gelang es der Frauendeputation durchzukommen, würde das Volk gleichzeitig nachdrängen und die Absperrung wäre gestört. Trotz scharfer Zurufe gingen die Weiber weiter vor, und eine Frau suchte einen Grünen zur Seite zu schieben, erhielt aber einen Stoß, daß sie zurücktaumelte. Sie kreischte laut auf, und wilde Schimpfworte erklangen aus der Masse: „Wagt die Weiber nicht anzurühren, ihr feigen Hunde!" … „Wollt ihr euch an wehrlosen Weibern vergreifen?" Was sich nun abspielte, geschah so schnell, daß ich mich nicht aller Einzelheiten entsinnen kann. Angefeuert durch Zurufe, drangen die Weiber wieder vor, geradeaus in die Kette der Polizisten einstoßend – im selben Augenblick fiel von irgendwoher ein Schuß. Der berühmte Schuß, von dem niemand weiß, wer ihn abgefeuert hat. Gleichzeitig hoben sich hinten Arme, und dicke Steine klatschten vor den Grünen nieder. Sofort rissen diese die Gewehre an die Wangen – peitschenscharf fielen die Schläge der Schüsse. Ein Weib spreizte die Arme weit, schrie gellend auf und stürzte vornüber auf das Pflaster, zuckte einige Male und lag dann still in einer Blutlache.

Wie ein Wasserfall, der abgestaut, plötzlich donnernd niederbricht – erfüllte ohrenbetäubender Lärm die Luft. Eine wahnsinnige Panik entstand. Nach allen Seiten rannten Menschen. Unter dem Trampeln, Rennen, Laufen, Brüllen, Fallen, Schreien, Kreischen, Schimpfen, Heulen, Lärmen schien die Erde zu beben! Flüche gellten: „Mörder, Mörder, Weibermörder, Arbeitermörder, grüne Mordbuben!" Ein Lastauto rasselte heran, eine Hundertschaft der Schupo, als Verstärkung herbeigerufen, stürzte heraus – in einer Kette ausgeschwärmt jagte sie der Menge nach. Schüsse wurden in die Luft abgefeuert.

Auf dem Rathausplatz lagen etwa acht Menschen am Boden. Einige zuckten mit den Gliedern und schrien. Noch konnte ich sehen, wie ein Sanitätsauto heransauste, Sanitäter mit Tragbahren zu den Toten oder Verletzten liefen – dann riß mich eine anströmende, flüchtende Menschenmasse mit fort. Gedrängt, gestoßen, geschoben, eingeklemmt zwischen brüllenden, fluchenden Leuten, gelangte ich schließlich in eine Nebenstraße und konnte mich endlich von der Menge trennen.

Später erfuhr ich nähere Einzelheiten dieses Zusammenstoßes. Die Kommunisten hatten geplant, die allgemeine Not und Erregung ausnutzend, das Rathaus zu stürmen. In verschiedenen anderen Städten des Industriegebietes war es ihnen gelungen, die Rathäuser zu besetzen und zeitweilig die Macht an sich zu reißen. Da aber die Polizei in Hamborn scharf auf dem Posten stand, plante man eine List: eine Weiberdeputation sollte vorgeschickt werden, um vor dem Rathaus zu demonstrieren. Gelang es den Weibern, die Polizeikette zu durchbrechen, wäre sofort ein Stoßtrupp bereit, dicht hinter den Frauen nachzudrängen – durch die Bresche hätte das Volk hineinfluten können und das Rathaus gestürmt. Bei einem Widerstand der Polizei ließ sich auf eine so große Erregung im Volk rechnen, daß, angepeitscht durch Wut und Empörung, ein direkter Angriff auf die Beamten auch möglich schien. Aber auch schließlich beim Scheitern des Planes konnten die Kommunisten einen Erfolg buchen: ein günstiger Boden für ihre Propaganda war geschaffen, und die Polizisten standen als Arbeitermörder da. Die Kommunisten allein trugen also Schuld an dem Blutvergießen, die Beamten hatten durchaus korrekt gehandelt.

An diesem Tage hätte man allerdings kein Wort für die Polizei einlegen können – man hätte in Gefahr gestanden, niedergeschlagen zu werden. Überall sah ich wutverzerrte Gesichter und geballte Fäuste. Auch im Ledigenheim herrschte große Aufregung. In Gruppen standen die Arbeiter zusammen und schrien durcheinander. Der Dicke, der uns gegenüber wohnte, schimpfte: „Das wird diesen grünen Hunden nicht vergessen sein, diesem elenden Mördergesindel! Der Tag der Rache kommt!" Und der schwarzbärtige

Hauer vom Zimmer 39 brüllte: „Wenn mir einer von diesen Aashunden, diesen Noskebrüdern, in die Hände fällt, bei Gott, der soll nichts zu lachen haben!“ Auch meine Stubengenossen fluchten in wilden Ausdrücken.

Noch am nächsten Tag klang starke Erregung nach, obwohl sich die erste Wut gelegt hatte. Die Polizei hatte die Gewalt völlig in der Hand. Man erfuhr, daß nur ein Weib tot sei, die anderen mehr oder weniger schwer verletzt. Amtliche Plakate, die an die Litfaßsäulen geklebt wurden und über den Vorfall Bericht erstatteten, waren Minuten später abgerissen, man suchte die Plakate hinter Schaufensterscheiben zu befestigen – die Scheiben wurden zertrümmert! Aber die Ruhe herrschte wieder in der Stadt, zu Ausschreitungen kam es nicht mehr, jede Ansammlung hatte man aufs strengste untersagt.

Die nächsten Tage vergingen in stumpfer Eintönigkeit. Der Streik machte sich recht unangenehm bemerkbar: das Essen wurde täglich schlechter. Fleisch gab es überhaupt nicht, nur halbfaule Kartoffeln mit süßlichem Nachgeschmack und Kohl zum Mittag, abends eine wässrige Suppe. Unser Geld hatten wir längst ausgegeben, Streikgelder gab es nicht, und wir konnten nicht mal mehr Brot erstehen. Bei den Verheirateten herrschte natürlich noch größere Not.

Eine gedrückte, dumpfe Stimmung hatte uns alle erfaßt. Morgens schliefen wir sehr lange, nach dem Essen streiften wir durch die Straßen. Ein ständiges Hungergefühl quälte, zu nichts hatte man Lust. Kaum zum Lesen fühlte ich mich imstande. Die übrigen Arbeiter spielten meist Karten oder lagen stumpfsinnig auf ihren Betten.

In dieser Zeit hatte ich die Gelegenheit, viele von den „Ledigen“ kennen zu lernen; abgesehen von einigen Ausnahmen eine ziemlich unerquickliche Gesellschaft! Meist handelte es sich um halbwüchsige, rohe, wüste Gesellen, die überall dabei waren, wo es etwas zu holen gab, Plünderungen oder Prügeleien. Diebstähle unter Kameraden, Messerstechereien usw. gehörten zur Tagesordnung. Der Verwalter des Ledigenheimes, ein großer, dicker Mensch, früherer Polizeiwachtmeister, erfreute sich merkwürdigerweise großer Beliebtheit unter den Leuten, er verstand es, gerecht zu sein – wenn er auch manchmal bei Streit unter den Arbeitern recht scharf zugriff – und half häufig den „Ledigen", wenn sie sich in Geldverlegenheiten befanden, aus. Hatten diese Leute irgendwann Geld übrig, besonders am Sonnabend, wenn Zahltag war, versoffen sie alles – das ganze Ledigenheim schien dann ein Schweinestall zu sein. Ungeniert erbrachen die Bezechten auf dem Korridor und in den Zimmern, und es dauerte lange, bis sich der üble Gestank gelegt hatte. Ich stand mich mit den Insassen des Ledigenheimes recht gut, die Leute besuchten mich häufig in meinem Zimmer, wir diskutierten und manchmal las ich ihnen etwas vor.

In den nächsten Tagen ging das Gerücht herum, daß trotz des Streiks verschiedene Bergleute heimlich eingefahren wären. Einige wurden von Streikposten abgefangen und so verprügelt, daß sie in das Krankenhaus geschafft werden mußten. Trotz dieses Terrors häuften sich die Fälle von heimlicher Einfahrt.

Einmal schlug der „Ehemann" mit der Faust auf den Tisch und rief: „Hat ja doch alles keinen Sinn! Man hat nichts zum Fressen, kein Geld und wird allmählich elendig umkommen. Lieber gehe ich schuften mit kleinem Lohn, da kann man doch wenigstens leben!" Da aber kam er schön an bei dem kleinen Schwarzen! „Was?" brüllte er, „du bist mir ein schöner Kumpel, das muß ich sagen! Kaum knurrt dir ein bißchen der Bauch, hast du schon die Nase voll! Wenn wir jetzt nicht durchhalten, sind wird verraten und verkauft! Solche Burschen, wie du einer bist, kann das Kapital verdammt noch mal gebrauchen!"

Als ich am Nachmittag durch die Straßen ging, traf ich Heinrich, der einen bleichen, mageren Eindruck machte. „Mensch, wie siehst du aus?“ entfuhr es mir. „Ja, Kumpel, Hunger ist ’ne verdammt unangenehme Sache! Wir essen jetzt täglich nur einmal am Tage, da wir nur wenig Vorrat haben und damit wohl noch lange wirtschaften müssen. Aber durchgehalten muß werden, und wenn wir vor Hunger umfallen! Wenn die Kumpels nichts für die proletarische Sache opfern können, sollen sie sich lieber begraben lassen!“

Am nächsten Morgen beschloß ich, den Steiger Buchherr von Revier 5 aufzusuchen. Buchherr hatte ich schon am Anfang meines Hierseins kennen gelernt und häufig mit ihm Unterhaltungen gehabt. Mein Freund, der vor mir hier im Bergwerk gewesen war, hatte unter ihm gearbeitet und ihn mir als angenehmen, anregenden Menschen sehr empfohlen. Um das Wesen von Buchherr zu beschreiben, finde ich nur einen Ausdruck: werktätiger Arbeitsmensch. Die Arbeit bildete den einzigen Sinn, Weg und Ziel seines Lebens, er war förmlich von Arbeitswut besessen. Jeder Tag, den er nicht arbeitete – selbst der Sonntag –, schien ihm sinnlos, er fühlte sich an solchen Tagen hilflos und unglücklich, da er dann nie wußte, was mit der Zeit anfangen! Als eiserner Pflichtmensch ungeheuer viel verlangend, aber auch schaffend, liebten ihn die Arbeiter nicht. Obwohl aus der Arbeiterschaft stammend, rechnete er sich nicht zum Proletariat, auch politisch stand er anders, er war Mitglied der Volkspartei. Buchherr war Alltagsmensch, aber im besten Sinne des Wortes arbeitsam, pflichttreu, verantwortungsbewußt. Schon äußerlich erkannte man seine Art: untersetzt, breitschultrig, runder Schädel, kurzer, blonder Bart und hellgraue, offene Augen, die jeden bis ins Innerste zu sehen schienen.

Bald saß ich in seiner kleinen gemütlichen Wohnung – er lebte in Duisburg-Meiderich, eine halbe Stunde vom Ledigenheim entfernt – ihm gegenüber, und wir sprachen über tausenderlei Dinge. Buchherr hatte Frau und Tochter, die aber zur Zeit nicht im Hause weilten.

Gern erzählte er von seiner Tätigkeit, und aus Gesprächen wurde mir klar – ich fand es später durch andere bestätigt und konnte mich selbst überzeugen –, daß das Los der Steiger bei weitem schwerer war als das der einfachen Bergarbeiter. Zwar brauchte der Steiger nicht die schwierige körperliche Arbeit zu leisten wie der Hauer – übrigens mußte jeder Steiger lange als Hauer tätig gewesen sein, ehe er die Bergschule absolvieren durfte –, abgesehen von dem recht mühseligen Wandern durch die halbverfallenen niedrigen Strecken zu den verschiedenen Arbeitsstellen des Reviers, dafür hatte er unzählige andere Lasten.

Der Dienst eines Arbeitstages ist ungemein anstrengend: sieben Stunden Dienst unter Tag, eineinhalb bis zwei Stunden Schalterdienst (Ausfertigung von Krankenscheinen, Lieferungsscheinen aller Art und so weiter), eine Stunde Konferenz, eine Stunde durchschnittlich pro Tag für häusliche Arbeiten (Bearbeiten der Lohnlisten und ähnliches); wird noch berücksichtigt, daß der Steiger zuerst in der Grube sein muß und zuletzt ausfährt, so kommt zur übrigen Arbeitszeit noch über eine Stunde pro Tag, so daß der Steiger eine reguläre Arbeitszeit von zwölf bis dreizehn Stunden hat. Dazu kommen noch die zahlreichen Über- und Nebenschichten, die fast zur Regel geworden sind. Für jede Kleinigkeit, Betriebsstörung, mangelnde Förderung, jeden Steinbruch, jeden Unglücksfall wurde der Steiger voll verantwortlich gemacht.

Durch das Prämiensystem – besondere Bezahlung für überhohe Kohlenförderung oder für Einschränkung der Ausgaben für Holzstempel, Halbhölzer usw. (die einzige Sicherung der Bergleute!) – kam der Steiger in schwerste Gewissenskonflikte, da die Erfüllung der Prämienbedingungen stets nur auf Kosten der Sicherheit im Bergbau geschehen konnte. Da aber die Steiger auch nur Menschen sind und der Lohn nur gering ist, so daß sie auf Prämienzahlung angewiesen sind, wird alles nicht unmittelbar der Kohlengewinnung dienende vernachlässigt. Also auch hier, wie bei den Hauern, ließen sich nicht die Steiger für geschehene Unglücksfälle verantwortlich machen, sondern ein entartetes Arbeitssystem, das den Erwerbstrieb der Menschen dazu anregte, auf Kosten der Gesundheit und Sicherheit vieler Menschen wirksam zu werden! Von oben Hetze, von den Arbeitern Mißtrauen und Haß: nein wahrhaftig, beneidenswert war es nicht, Steiger zu sein!

Dann kamen wir auf den Streik zu sprechen. Buchherr lehnte ihn ab: „Dabei kommt nichts heraus. Berechtigt sind sie ja, denn die Löhne sind miserabel, aber es fehlt an Einigkeit und Opferwillen. Jeden Tag kommen neue Arbeitswillige, gestern sind zwanzig Mann von meinem Revier mit eingefahren. Das kann sich nicht lange halten; früher oder später bricht der Streik zusammen!"

Auf dem Rückweg begegnete mir ein seltsamer Zug: in der Mitte der Straße, umgeben von knüppelbewaffneten Arbeitern, gingen etwa zwölf Bergleute in Grubenkleidung mit geschwärzten Gesichtern. Einer trug ein großes Plakat mit der Aufschrift: „Wir sind die Streikbrecher von Profession!" Ich erfuhr, daß es sich hier um Arbeitswillige handelte, die heute morgen trotz des Streikes eingefahren waren. Man hatte sie bei der Auffahrt gewaltsam gefangen und zwang sie, in Arbeitskleidung als abschreckendes Beispiel durch alle Straßen zu ziehen. Die Männer gingen finster mit gesenktem Blicke. Eine Horde von Halbwüchsigen, Weibern, Kindern folgte dem Zug. Standen irgendwo Arbeiter zusammen, hörte man die Rufe: „Pfui, Streikbrecher, Verräter!" Jedenfalls übte der Zug einen tiefen Eindruck auf die Menge aus, und manchem, der schon beschlossen hatte, heimlich einzufahren, verging wohl die Lust bei diesem Anblick! Mit solchen Mitteln, Terror und Abschreckung, suchten die Arbeiter unbedingt den Streik durchzuführen.

Sechs Streiktage verflossen so. Die niedergedrückte Stimmung hatte ihren Tiefstand erreicht. Die „Ledigen", die sonst immer das große Maul hatten, gegen das Kapital fluchten und begeistert für den Streik eintraten, ließen jetzt die Köpfe hängen und verhielten sich merkwürdig schweigsam.

Täglich vermehrte sich die Zahl der „Streikbrecher". Man hörte von einem Angebot der Kapitalisten, den Lohn zu erhöhen, doch in so geringer Weise, daß praktisch von einer „Erhöhung" überhaupt nicht die Rede sein konnte, da die Preise unterdessen wieder maßlos gestiegen waren. Die sozialdemokratische Gewerkschaft fand sich mit dem Vorschlag ab, während die kommunistischen, anarchistischen und syndikalistischen Bergarbeiterverbände mit Entschiedenheit sich gegen das Angebot wandten und für rücksichtslose Fortsetzung des Streikes eintraten. Doch nun gab es kein Halten mehr, stärker als alle guten Vorsätze wirkt ein hungernder Magen, am ersten Tag fuhr fast schon ein Drittel der Belegschaft ein.

Die Streikführer taten, was sie konnten: Massenversammlungen wurden abgehalten, es wurde gedroht, geschimpft, gebeten – vergebens! Am neunten Tage nach Ausbruch des Streikes befand sich schon die halbe Belegschaft unter Tag; damit war der Streik so gut wie erledigt. Nun wurde der Kampf abgeblasen, am zehnten Tag fuhr die gesamte Belegschaft ein, der Streik war ohne eigentlichen Erfolg endgültig zusammengebrochen.

Es war ein trüber Morgen, als ich wieder meine Grubenkleidung vom Haken nahm. Fast kein Wort fiel, alle zogen sich finster, gedrückt um. Unten am Schacht erwartete mich Heinrich, der einen erschreckend abgemagerten und gebrochenen Eindruck machte. Auf dem Wege zur Arbeit sagte er: „Ja, Kumpel, das war eine bittere Enttäuschung! Da tut man, was man kann, sucht die Kumpels aufzuklären, umsonst – sobald sie für ihre Sache etwas darben müssen, versagen sie und rennen wie eine Herde von Hammeln wieder ihren Schlächtern zu. Nein, noch ist die Masse nicht reif, aber verzweifeln dürfen wir nicht. Wenn auch noch so viele Rückschläge kommen werden – einmal kommt der Tag, wo das ganze Proletariat seine Pflicht erkennt!" Alle Bergleute, denen wir begegneten, zeigten grimmige, mürrische Mienen. Franz schien noch dürrer geworden zu sein. Er sprach kein Wort, als er mich sah, nickte er nur finster mit dem Kopf.

Unsere Arbeit verlief schweigsam. Erst gegen Ende der Schicht stieß Franz die Schippe in den Boden, spuckte aus und schrie: „Gottverdammte, gottverfluchte Saubande, elendige von Kumpeln. Wer ist denn Schuld, daß wir wieder für den elenden Hungerlohn hier weiterschuften müssen? Nur die verdammten Kumpels selber! Nicht mal 'nen Streik durchhalten können sie, die feigen Schlappstiefel, schurkische! Verdammt zu gut geht es ihnen! Zwölf Stunden sollten sie täglich schuften müssen, ohne Lohn, dafür jedesmal vor der Einfahrt fünfundzwanzig auf den Arsch – vielleicht wird dann diesem hirnfaulen Gesocks endlich der Verstand kommen, dieser Aasbande, stinkenden!" In ähnlicher Weise fluchte er noch eine ganze Zeit, während ich den Wagen lud. –

So begann der Alltag wieder, mit schwerer Arbeit und drückenden Sorgen!

Diskussionen

Als ich eines Samstags abends – wir hatten Mittagsschicht – von der Arbeit zum Schacht ging, schloß sich mir Heinrich an und sagte: „Alex, jeden Monat einmal, an einem Sonntag, habe ich in meiner Wohnung so einen Diskussionsabend. Da kommen Kumpels von den verschiedensten Parteien zusammen, und dann unterhalten wir uns über alles Mögliche. Es kommen immer nur einige Menschen, drei oder vier, dann spricht sich's besser. Willst du nicht morgen abend mitmachen? Da wirst du die Ansichten der Arbeiter über die Fragen des Lebens zu hören bekommen." Ich erklärte mich natürlich sehr gern bereit; schon lange wünschte ich mir eine Gelegenheit zu einer ordentlichen Aussprache. „Dann," sagte er noch lachend, „wirst du mal 'n richtigen kommunistischen Haushalt kennen lernen!"

Am Sonntag, abends acht Uhr wie verabredet, stand ich vor dem Mietshause in der Arbeiterkolonie von Meiderich, in dem Heinrich lebte. Ich mußte drei Treppen hoch steigen, auf den Stufen spielten ungekämmte Kinder, Weiber standen an den Flurtüren und schwatzten. Küchendünste lagen in der Luft. Oben, an einer niedrigen Tür, fand ich den Namen meines Kameraden. Ich klingelte, eine junge Frau öffnete und sagte freundlich: „Ja, ich weiß, mein Mann hat schon viel von Ihnen erzählt, treten Sie bitte ein. Einige sind schon da." In dem Schein des matten Tageslichtes, das durch schmale Scheiben fiel, sah ich die Züge ihres Gesichtes und ihre Gestalt. Sie war recht hübsch, aber die bleichen, eingefallenen Wangen, ein müder Zug um den Mund und die Verbrauchtheit ihres Körpers sprachen von einem Leben, schwer an Arbeit und kümmerlichen Alltagssorgen. Auffallend glänzten ihre Augen: groß, dunkel, mit unbeschreiblich traurigem Ausdruck.

Wir mußten zuerst durch das Schlafzimmer – ein kleiner Raum mit vier Betten, an den Wänden hingen Bilder von Marx und Lenin, über einem Bette ein buntes Schild mit der Aufschrift: „Proletarier aller Länder, vereinigt euch!“ Außerdem sah man noch einige grelle Landschaftsbilder, auf einer kleinen Kommode standen eine Menge von wertlosen Nippsachen. Das ganze machten einen kitschig-kleinbürgerlichen Eindruck.

Dann traten wir in den anstoßenden Raum, das „Wohnzimmer“, das etwas größer war. Um einen Tisch saßen Heinrich und noch zwei Arbeiter.

Heinrich stand auf, begrüßte mich herzlich: „Na, Alex, sei mir hier willkommen! Meine Frau kennst du nun ja. Dies hier sind Wilhelm und Hermann, zwei alte Kumpels von mir, und dieser,“ er deutete auf mich, „ist unser ‚Weißgardist‘!“ – Wir schüttelten uns die Hände. Wilhelm war breit und groß, nicht mehr jung, mit intelligentem, offenem Gesicht, Hermann auch groß, doch sehr mager und kränklich. „Politisch stehen wir so,“ nahm Heinrich wieder das Wort, „ich bin Kommunist, Wilhelm ist Anarchist, Hermann ist Syndikalist, und du? Na, du wirst es uns ja schon erzählen. Dann erwarten wir noch einen, den wir ‚Ästhet‘ nennen, weil er in einem bürgerlichen, literarischen Klub Mitglied ist und schöngeistige Phrasen drischt, aber Kommunist ist er eigentlich auch.“ Auch die beiden kleinen Kinder von Heinrich begrüßte ich, ein Mädel und einen Knaben, die einen gut erzogenen, ordentlichen, sauberen Eindruck machten.

Wir sprachen noch über nichtige Dinge, als es wieder klingelte und der „Ästhet,“ ein kleiner, schlanker Mensch mit zartem, bleichem Gesicht und träumerischen Augen, erschien. „Verzeiht,“ rief er, „meine Verspätung! Ich war in dem literarischen Verein und konnte nicht rechtzeitig loskommen!“ „Ja, das kommt davon, wenn man so'n ‚Ästhet‘

ist!“ brummte Wilhelm. „Ich ein ‚Ästhet‘? Gott bewahre! Wenn ich auch mal ab und zu mit den Bürgern zusammenkomme und über Kunst und so schwatze, weiß ich doch, daß das alles nur Spielerei ist. Ich bin ebenso Proletarier wie ihr und habe dasselbe Ziel!“ – „Halt!“ rief Heinrich, „du kannst nicht sagen ‚wie ihr‘! Wir haben da einen unter uns, einen schwarzen Raben, der nicht Proletarier ist und durchaus anders denkt.“

„Von dir habe ich durch Heinrich schon gehört,“ sagte der Ästhet zu mir, sich am Tisch niederlassend, „doch glaube ich nicht, daß wir alle so sehr verschieden denken. Irgend etwas Gemeinsames, eine Basis der Übereinstimmung läßt sich wohl finden unter uns, vielleicht in dem gemeinsamen Endziel, das wir doch schließlich alle haben müssen: zu streben nach einem Zustande, in dem das größtmögliche Glück der größtmöglichen Anzahl von Menschen gewährt wird!“

Wir befanden uns jetzt alle um den Tisch; in einer Ecke sitzend, stopfte Heinrichs Frau zerrissene Strümpfe, schweigsam zuhörend, am Boden spielten die Kinder mit einem Holzbaukasten, geräuschlos, unauffällig.

„Für dieses Ziel kann ich mich nun nicht begeistern,“ erwiderte ich, „es ist weder hoch noch würdig und – mit Recht – nie erfüllbar! Massenglück, ‚größtmögliches Glück der größtmöglichen Anzahl‘, welch sinnlose, wesenlose Worte! Was verstehst du denn unter Glück? Etwa Wohlhabenheit, Reichtum, soziales Besser-Leben? Dann müßten alle Reichen glücklich, alle Armen unglücklich sein! Das Leben lehrt dagegen, daß das Glück von diesen äußeren Dingen gänzlich unabhängig ist. Was heißt denn ‚Glück‘ überhaupt? Ich sehe es im Erfülltsein von Großem und Erhabenem, im Mit-Sich-Einssein. Nur dem Menschen mit einer aufnahmefähigen, sehnsüchtigen Seele wird dieses Glück zuteil: sei es das innerliche Schauern vor der Tiefe einer Dichtung, das lebendige Gefühl der Freundschaft, die Liebe zu einem Weibe, der Eindruck eines Bildes, die Ergriffenheit vor der Schönheit der Natur – es ließen sich tausende von Dingen aufzählen –, kurz, ein Zustand des ‚Seins', nicht des ‚Habens', etwas rein Persönliches, Eigenes, nur dem Einzelnen Widerfahrendes, falls der Boden reif ist! Massenglück ist dagegen Unsinn! Gewiß wünsche ich, daß möglichst viele von diesem Glück erfaßt werden, doch gibt es keine Mittel, um solche Ziele zu erreichen. Weder soziale Umgestaltung noch äußeres Wohlergehen sind dazu imstande: jeder einzelne Mensch hat seinen eigenen Weg, zum Glück zu gehen!"

„Man sieht, daß du nicht Prolet bist, sonst würdest du anders sprechen. Selbstverständlich wissen wir, daß inneres Glück nicht allein durch äußere Umgestaltung zu erreichen ist. Es handelt sich für uns darum, das Proletariat sozial so zu stellen, daß überhaupt für den einzelnen Arbeiter die Möglichkeit geschaffen wird, glücklich zu werden. Bei dem jetzigen Zustand des Proletariats ist es unmöglich. Wem der Magen knurrt und wer im Elend verkommt, kann für große Gedanken nichts übrig haben. Du sagst, daß Glück unabhängig ist von der äußeren Lage, das ist falsch. Zwar: wer reich ist, braucht noch nicht glücklich zu sein, aber wer im Elend lebt, kann es überhaupt nicht sein! Damit der Prolet gut, glücklich, aufnahmefähig wird, muß er erzogen, ethisch, pädagogisch beeinflußt werden. Das aber kann bei der heutigen, bürgerlich-kapitalistischen Herrschaft, die ja, um sich zu halten, bewußt die Arbeiter entrechten, niederhalten, unterdrücken, dumm halten muß, nicht geschehen. Deshalb müssen die Formen des heutigen Systems gesprengt und durch neue ersetzt werden, damit die Atmosphäre, die Grundlage geschaffen wird, von der aus der Arbeiter den Weg zum persönlichen Glück ersehen kann, ja, weiter gesprochen, von der aus die sittliche und geistige Erneuerung der Menschheit überhaupt erst bewirkt wird!" –

„Darin stimme ich mit dir überein," sagte ich, „auch ich bin dafür, daß das Proletariat aus diesen unhaltbaren, unerträglichen, menschenunwürdigen Verhältnissen herauskommt; die soziale Frage ist wichtig genug, wenn es auch noch weit wesentlichere und bedeutendere Fragen gibt, doch glaube ich, daß wir über den Weg, die Arbeiterschaft zu heben, sehr verschieden denken."

„Die Frage ist einfach," rief Wilhelm, „Ziel: Aufrichtung der Diktatur des Proletariats, Mittel dazu: Klassenkampf, Revolution!"

„Ich möchte gern von dir, Alex," unterbrach Heinrich, „die Ansicht über politische Fragen, wie Klassenkampf und so weiter, hören."

„Den Klassenkampf lehne ich natürlich ab, einfach aus dem Grunde, weil er geschichtswidrig ist und erfolglos sein muß. Wir bilden alle eine Schicksalsgemeinschaft, als Glieder eines Volkes, Sprecher einer Sprache. Gebunden sind wir mit allen unseren Fasern an das Volk, mit seinem Aufstieg steigen wir, mit seinem Niedergang gehen wir zugrunde. Dabei ist es gleichgültig, ob einer Kapitalist, Bürger oder Arbeiter ist, ob Stinnes oder ein Schlepper. Aus der Masse der Menschen, die über den Erdball ausgebreitet waren, sonderten sich allmählich vor tausenden von Jahren, durch inneres Seelentum und äußere Form verschieden, die großen Völker ab. Jedes Volk – wenn auch mehrere Völker unter dem geistigen Band einer gemeinsamen Kultur standen – mußte seinen eigenen einzigen Weg gehen, prägte eine vollkommen eigene Art von Glauben, Denken, Empfinden, Wollen aus; innerlich und äußerlich in Seele und Haltung durchaus einzig, entwickelte es sich, unabhängig von den anderen. Die geographische und politische Lage – ein Inselvolk bekommt naturgemäß ein anderes Gesicht als ein Volk auf dem Festland ohne feste Grenzen – wirkte ebenfalls bestimmend auf die Entwicklung ein. So bildeten sich organisch und langsam die großen Völker, wie wir sie heute erleben. Kein Volk hat die Möglichkeit, diese oder jene Staatsform anzunehmen, diese oder jene politische Tat zu vollbringen, sondern es kann nur das tun, wozu es durch seine geschichtliche Entwicklung und Bedingtheit, Blut und Tradition, prädestiniert ist. Jedes einzelne Volk hat seine nur ihm eigene, historische Mission zu erfüllen. Wird eine fremde Staatsform einem Volk aufgezwungen – ich sehe dies zum Beispiel in der Einführung einer westlichen Demokratie in Deutschland, die dem deutschen Wesen nicht gemäß ist –, so kann daraus nur Zweierlei entstehen: entweder wandelt sich die fremde Form im volkstümlichen Sinne um, oder der Fremdkörper wird früher oder später gewaltsam wieder abgeschüttelt. Die Aufgabe der führenden Staatsleute liegt für mich darin, daß sie im Sinne des geschichtlichen Weges, den das Volk ging, Politik treiben und die Linien einhalten, die das Schicksal dem Volke von Urbeginn vorgezeichnet hat. Durch die Erfüllung der geschichtlichen Mission, und nur durch ihre Erfüllung, hebt sich auch das relative Glück oder besser gesagt der Wohlstand des Volkes und damit jedes Gliedes, also auch des Arbeiters. Andere Möglichkeiten zum Aufstieg gibt es nicht, und auch keine Einzelaufgabe für das Proletariat. Das Proletariat hat nicht die Möglichkeit, die Herrschaft aufzurichten; zum Herrschen im Volke sind nur organische Volksteile, Stände, geeignet, wie sie früher der Adel und das Bürgertum darstellten, Stände mit viel Sinn für geschichtliche Überlieferung und Wurzelständigkeit, als Träger und Verkörperer von großen, schöpferischen Ideen. Das Proletariat ist kein Stand, sondern eine Wirtschaftsklasse, wurzellos, traditionslos, voll dumpfer Erbitterung gegen jede Form, im innersten Wesen staatsfeindlich – so etwas ändert sich durch Übernahme der Macht nicht. Dann fehlt die schöpferische Idee – für die Masse ist Politik eine Magenfrage – und nur Ideen können herrschen!“

„Wir sehen diese Dinge nun ganz anders an," sagte Heinrich, „ich will dir mal unsere Grundgedanken entwickeln. Du sprachst vorhin von ‚Schicksalsgemeinschaft' und von Gebundenheit des Einzelnen an den Aufstieg oder Abstieg eines Volkes. Danach müßten die Arbeiter und Kapitalisten der siegreichen Staaten, also der aufgestiegenen, gut dran sein, die Arbeiter und Kapitalisten der besiegten Staaten aber schlecht. Wie ist es in Wirklichkeit? Die Arbeiter sind überall ins Elend gekommen; in England und Frankreich ist die Not und Arbeitslosigkeit ebenso schlimm wie hier. Dagegen haben die Kapitalisten überall Geschäfte gemacht, bei den ‚Besiegten' ebenso wie bei den ‚Siegern'! Stinnes und Thyssen sind erst durch den Krieg reich geworden. Wo bleibt da die Schicksalsgemeinschaft des Volkes?

Es gibt zwei ‚Schicksalsgemeinschaften' in der ganzen Welt – in jedem Volke ist es das gleiche Bild –, die der Ausbeuter und die der Ausgebeuteten, die der Reichen und die der Armen, die der Besitzenden und die der Besitzlosen, die der Kapitalisten und die der Proleten! Auf der einen Seite steht die Schicksals- oder besser gesagt Geschäftsgemeinschaft des Kapitals: die Ausbeuter der ganzen Welt sind durch und durch international, ihr Volk gilt ihnen ebensoviel wie jede andere Ware, ihre Interessen sind überall die gleichen. Freilich, sie hängen sich ein nationales Mäntelchen um. Warum? Ich will's dir sagen. Die Bourgeoisie ist von jeher in allen Ländern der Brutherd des Chauvinismus, durch Erziehung und Vererbung, gleichzeitig sind die Bürger die geborenen, willenlosesten Sklaven des Kapitalisten, die folgsamsten Knechte! Mit dem nationalen Getue fängt der Kapitalist den Bürger.

So saugen, gestützt durch das gehorsame und betörte Bürgertum, im traulichen Vereine die Kapitalisten der ganzen Welt die Proletarier aus. Zwischendurch gibt es einen Krieg: die Kapitalisten eines Landes machen den anderen zu viel Konkurrenz, da wird dann losgeschlagen. Die Massen der Arbeiter in den verschiedenen Ländern – zu wenig einig und zu dumpf, um sich wirksam zu wehren – werden gegeneinander in den Tod gehetzt, um die Kastanien für die Besitzenden aus dem Feuer zu holen. Nach außen wird Kampf für ‚Vaterland' und ‚Freiheit', für ‚Herd und Weib', und wie alle diese verlogenen Phrasen heißen mögen, ausgetrompetet! Und während die Millionen der Proletarier aller Länder als Frontschweine in stinkenden Höhlen lebten, von den Kugeln der Maschinengewehre zerfetzt wurden, als verstümmelte Leichen in den Drahtverhauen hingen, Menschen auf andere Menschen schossen, die sich nie etwas getan hatten, sondern sich verbunden fühlten durch gleiche Not und gleiches Schicksal –, buchten die Kapitalisten in guter Sicherheit schmunzelnd ihre Einnahmen! Ist dann genug Blut geflossen und sind keine Schlachtgeschäfte mehr zu machen, wird der Krieg abgebrochen, und siegreich, das heißt für ihren Geldsack, kehren sämtliche Kapitalisten heim. Ich erwähnte schon, daß in Deutschland, dem ‚geschlagenen' Lande, die Besitzenden mit am besten abgeschnitten haben – die Arbeiter sind dagegen alle in tiefste Not geraten.

Dieser Gemeinschaft der Ausbeutung steht eine andere entgegen: die der Ausgebeuteten, des Proletariats! Alle Proletarier der ganzen Erde sind meine Brüder, sie haben die gleiche Not, die gleichen Sorgen, die gleichen Hoffnungen, denselben Todfeind wie ich – wir bilden wahrhaft eine Schicksals- und Notgemeinschaft! Wir aber heucheln nicht, offen bekennen wir unsere Meinung, jedem, der es hören oder nicht hören will, wir brauchen kein nationales Mäntelchen oder so ähnliches – wir sind international, wir wissen und verkünden es, daß wir Heimat oder Vaterland nicht kennen – vielleicht schaffen wir sie uns einmal – und predigen den Kampf. Mit einem Stinnes oder Thyssen habe ich keine Gemeinschaft, sie sind meine Todfeinde, wie jeder andere Kapitalist auch, ob Deutscher, Franzose, Engländer – so wie jeder Arbeiter mein Freund ist, ob Deutscher, Franzose oder Engländer. Zwischen diesen beiden Schicksalsgemeinschaften oder Klassen, Kapital und Proletariat, gibt es nur Kampf auf Tod oder Leben bis aufs Messer!

Klassenkampf ist nicht Bruderkrieg – das ist der Krieg der Nationen und ‚Vaterländer', wo wirkliche Brüder, die unter denselben Ausbeutern ein Hundedasein führen müssen, sich gegenseitig töten, wo sie doch alle dieselbe Sehnsucht nach einem menschenwürdigen Dasein haben – Klassenkampf bedeutet die Auseinandersetzung der Masse der Rechtlosen, der Proletarier aller Länder, die durch gemeinsame Not zu einer Gemeinschaft zusammengeschweißt sind, und den Wenigen, die Viele leiden lassen, damit Einige glücklich werden! Der Augenblick der Entscheidung ist da, wenn alle Arbeiter der Erde sich auf ihre Solidarität besinnen, erkennen, daß sie, vermöge ihrer produktiven Leistung, die Hand an der Gurgel des Staates haben! Wir aber werden siegen, denn das Recht steht auf unserer Seite; die anderen haben nur heute die Macht, um ihr verbrecherisches System zu schützen!

Die Diktatur ist nicht das letzte Ziel, wie Wilhelm sagte, sondern nur das erste, vorläufige, das wir uns stellen müssen; das letzte Ziel ist das kommunistische Weltreich der Vernunft, wo jeder Mensch gleichberechtigtes und gleichverpflichtetes Mitglied ist und jeder an seinem Teil und auf seine Weise dem Ziele der Gesamtheit dient – für Müßiggänger ist kein Platz mehr; das Reich, wo die vollkommene Harmonie der Beziehungen zwischen Individuum und Gesamtheit besteht!

Dann sagtest du, das Proletariat habe keine schöpferische Idee. Gegenbeispiel: die proletarische Revolution in Rußland! Glaubst du, daß eine Revolution so siegreich, nachhaltig und umwälzend wie in Rußland möglich wäre, wenn nicht eine gewaltige Idee dahinter stünde? Rußland beweist, daß das Proletariat zu herrschen versteht: schon jetzt, erst in den Anfangsjahren der Umwälzung, ist Rußland eine gefürchtete, beneidete Großmacht!"

„Wir sollten lieber nicht die russische Frage mit in die Debatte mischen," nahm ich das Wort, „dieses Problem ist so wesentlich anders, so uneuropäisch, daß jede Vergleichsmöglichkeit mit den Zuständen, über die wir hier reden, ein Unding scheint! So verschiedenartig auch die vielen Völker des Abendlandes sein mögen – sie schmelzen zu einer Einheit im Vergleich zu Rußland. Lies Dostojewski, den größten und tiefsten Verkörperer russischen Seelentums, um zu ahnen, welche Kluft die russische Frage von allen anderen westlichen trennt. Ich erwähnte vorhin, daß jedes Volk eine geschichtliche Mission zu erfüllen hat, eine eigene, schicksalhaft bedingte Form entwickeln muß – das russische Volk konnte bisher eine eigene volksmäßige Form nicht finden. Dem russischen Volk, seinem Wesen nach asiatisch, wurde durch Peter den Großen eine fremde, europäische Form aufgezwungen. Seit dieser Zeit war die Regierung und die Oberschicht westlich orientiert und trieb Politik nach westlichem Muster. Die jungen Leute der Oberschicht, die später in führende Stellungen kamen, erwarben ihre Bildung und ihre Ansichten auf europäischen Universitäten. Das Volk stand aber in dumpfer Feindschaft dem fremden, westlichen Geist gegenüber; so wurde die Kluft zwischen der Masse des Volkes und der Oberschicht immer größer. Damit war der Grund zur Revolution gegeben. Der äußere Anlaß: ein verlorener Krieg, eine schwache, unfähige Regierung und so weiter, brachte den Stein nur ins Rollen. Allerdings ist dadurch nicht gesagt, daß etwa die heutige Form den Russen gemäß ist – im Gegenteil, die Umwälzung ist von geschickten, häufig nicht-russischen Elementen in ganz andere Bahnen gelenkt worden, als sie dem Volke in unklaren Wünschen vorschwebte. Das marxistische System zum Beispiel, doch ein rein westlich-europäisches Prinzip, wird niemals im Russentum Boden finden. – Doch dieses alles gehört nicht hierher und ist eine Frage für sich; feststellen wollte ich nur, daß der tiefe Grund der bolschewistischen Revolution in dem ursprünglichen, urwüchsigen, bodenständigen Haß des asiatischen Russentums gegen die fremde, aufgezwungene, westliche Zivilisation liegt. Das ist zwar eine große, geschichtlich notwendige Idee, doch keine schöpferische, sondern eine reine Negation: eine fremde Form wird zerstört, doch keine neue aufgebaut.

Ich habe damit wohl genügend ausgedrückt, daß es eine Parallele mit den europäischen Fragen nicht gibt – hier fehlt diese Spannung, und soziale Mißstände und Gegensätze allein haben noch nie in der Weltgeschichte ausgereicht, um Umwälzungen hervorzurufen. Das russische Volk wird wohl lange nach einer eigenen und gemäßen Politik suchen müssen, vorläufig wird es – wie alle im Beginn einer Kulturentwicklung stehenden Menschengemeinschaften – sich mit religiösen Fragen, den einzigen, die den wahren russischen Menschen erregen und aufwühlen können, beschäftigen!"

„Da du gerade von Religion redest," sagte Hermann, „möchte ich gern die Frage anschneiden: welche Bedeutung kann die Religion für das Proletariat haben? Ich behaupte, daß die Religion heute ein Verdummungsmittel für das Kapital ist. Die Masse wird künstlich dumm gehalten und den Kapitalisten gefügig gemacht! Was hältst du überhaupt von der Religion?"

„Sehr viel," antwortete ich, „die Religion, das heißt der Glaube des Menschen an Gott, oder weiter, umfassender ausgedrückt: das Schaudern der Menschen vor den unsichtbaren, über der Erfahrung stehenden, schicksalhaften, göttlichen Mächten hat von jeher eine gewaltige Rolle im menschlichen und Völkerleben gespielt. Wer könnte das leugnen? Eine Kultur ohne Religion ist überhaupt undenkbar! Religion ist die Seele und das Herz jeder der großen, über die Welt dahingegangenen Kulturen gewesen, sei es nun die Religion des Beda oder Buddhismus in der indischen, der olympische Mythos in der antiken, das Christentum in der abendländischen Kultur. Und dann der schöpferische Einfluß auf die Weltdichtung, etwa: die Edda, erfüllt von germanischem Katholizismus; die Nibelungen – Mischung heidnischer und christlicher Mythologien; die ‚Göttliche Komödie', die Dante aus dem Geiste des abendländischen Katholizismus schrieb; auch der ‚Faust', wenn auch nicht aus christlichem, so doch aus tiefem religiösem Erleben entstanden. Oder denkt an die befruchtende Wirkung der Religion auf die bildende Kunst: Michelangelo, van Eyck, Holbein, Dürer, Grünewald – die Fülle der gewaltigen Kunstwerke, die Bilder von Heiligen und Madonnen. Oder der Einfluß auf die Baukunst, zum Beispiel die Riesendome der Gotik, ein Wahrzeichen menschlicher religiös-künstlerischer Gestaltungskraft! So könnte noch Unzähliges angeführt werden für die Wichtigkeit und Bedeutung der Religion für den Menschen!"

„Das war einmal," fiel Wilhelm ein, „meine geschichtlichen Kenntnisse sind nicht groß, doch glaube ich, daß schon im Mittelalter die Pfaffen die Religion dazu brauchten, um sich die Taschen zu füllen und das Volk zu bestehlen. Doch reden wir von heute! Eine Religion gibt es überhaupt nicht mehr, was sich so nennt, ist nur ein farbloses Überbleibsel von damals. Nur die Kirche – besonders die katholische – spielt noch eine gewisse Rolle und hat in manchen Gebieten sehr starken Einfluß. Und was ist die Kirche? Nichts weiter als die Hure des Kapitals. Sie steht geschlossen hinter den Ausbeutern und dem Besitz und kriegt dafür bezahlt. Hermann hat schon ganz recht, wenn er von ‚Verdummungsanstalt‘ spricht. Von den Kanzeln predigen Pfaffen: ‚Seid Untertan der Obrigkeit!‘, das heißt: Muckt ja nicht auf gegen eure Ausbeuter, betet und arbeitet recht fleißig für eure Herren, auch wenn es nur ’n Hundelohn gibt! Aber der Mensch soll nicht nur an den Magen denken! So wird das richtige Vieh herangezogen, wie es die Reichen brauchen.

Als der Krieg ausbrach, haben die Pfaffen nicht etwa gegen das Menschenmorden der Völker gepredigt, wie es ihnen doch ihr Christentum vorschreiben müßte, sondern wacker und feste mitgehetzt, vom ‚heiligen Krieg‘ geschwatzt und ähnlichem Unsinn – gerade so, wie es den Kapitalisten in den Kram paßte! Auch jetzt, wo wir Frieden haben, gibt's noch solche tollwütige Pfaffen, die unglücklich sind, daß kein Blut mehr fließt, chauvinistische Hetzreden halten und von Rache und Kämpfen träumen. Die Kirche predigt vom Paradies im Himmel, damit die Proleten nur ja nicht etwa das Paradies schon hier auf Erden aufrichten! Doch das hilft alles nichts mehr! Die Arbeiter haben dieses verlogene Pfaffengesindel durchschaut, und wir wissen, daß nur wir allein, mit unseren Fäusten, den Himmel hier auf Erden schaffen können!“

„Nicht daß wir gegen das Christentum in seiner ursprünglichen Form wären,“ rief nun der Ästhet, „das Christentum war die Lehre der Armen, Unterdrückten, Elenden – aber die Besitzenden, der Staat, die Kirche, haben die Lehre für ihren Zweck umgewandelt. Aus Weiß haben sie Schwarz gemacht! Dagegen wenden wir uns, gegen diese verlogene Auslegung und Zurechtstutzung für das Kapital! Christus war Kommunist, wie wir, mit seinen Jüngern teilte er alles, er liebte die Unterdrückten, Armen, Bedrängten, unter denen er fast immer weilte. Er haßte den Reichtum, das Kapital, wie wir: ‚Eher kommt ein Kamel durchs Nadelöhr, als ein Reicher in den Himmel!‘ sprach er – das sagt genug.

Er war ein einfacher Mensch aus dem Volk, und seine Jünger wählte er sich aus den niederen Schichten. Seine Lehre und seine Auslegungen waren für das damalige Proletariat bestimmt. Darum wurde Christus wie die Pest von den damaligen Kapitalisten, den Pharisäern und Schriftgelehrten, gehaßt und schließlich vom ‚Staat' ans Kreuz genagelt. Was würde geschehen, wenn Christus heute auftauchte? Er hätte sich sofort auf die Seite des Proletariats gestellt, und die Kapitalisten würden ihn ins Zuchthaus werfen, wenn sie ihn fänden!"

„Gegen deine Festlegung der Gestalt von Christus muß ich mich entschieden wenden!" entgegnete ich. „Christus war, wie jeder große Religionsstifter, wie jeder von Gott erfüllte, nach Gott strebende Mensch, in erster Linie Metaphysiker, das heißt, sein ganzes Leben, Handeln, Denken war dem ‚Jenseits', dem Überirdischen, dem über der Erfahrung stehenden ‚Göttlichen' zugewendet, und alle Fragen des Alltages, des irdischen Lebens, wie Politik, soziale Mißstände, Magenfragen und so weiter, konnten nur eine sekundäre Rolle spielen. Nicht, daß diese Fragen für Christus nicht existierten – er kannte sie wohl –, doch konnten sie ihn nicht erregen: jede seelische Frage, selbst die geringste, stand ihm höher.

Gerade das jüdische Volk, damals unter dem schweren Joche des Römischen Reiches stehend, erwartete einen ‚Messias', der es von der politischen Unterdrückung befreien sollte. Christus lehnte dieses Ansinnen ab. ‚Gebet dem Kaiser, was des Kaisers ist …', das heißt, zahlt eure Steuern, tut eure Pflicht dem Staat gegenüber, mischt euch nicht in diese Dinge – es gibt Wichtigeres. Ihr seid nicht da, um Staaten zu stürzen oder aufzurichten – wesentlicher ist die seelische Vorbereitung für Gott: ‚Was hülfe es dem Menschen, so er die ganze Welt gewönne und doch Schaden nehme an seiner Seele!' Er war nicht gegen den Reichtum, weil er das

‚Kapital haßte', sondern weil er wußte, daß Geld und Geldfragen den Menschen entseelen. ‚Mein Reich ist nicht von dieser Welt!' – darin liegt der tiefste Sinn seiner Religion, wie der Religionen überhaupt. Wenn wir heute Christus einreihen wollen, ihn als Kommunisten oder als Nationalisten, als Pazifisten oder als Kriegsverkünder bezeichnen, zeigt sich nur das Fehlen jedes religiösen Blickes. Die heutige Menschheit kennt eben keine seelischen Fragen mehr, Politik oder ähnliches scheint ihr wichtiger … deshalb dieses verzerrte Bild! Christus ist weder staatserhaltend noch revolutionär, weder national noch international – er ist nur Gott-erfüllt, sein Wirken liegt im Reiche der Seele!"

„Was hilft uns das?" griff Heinrich wieder ins Gespräch ein, „selbst wenn es so wäre, wie du sagtest – heute können wir Arbeiter nur einen weltlichen, revolutionären, proletarischen Christus gebrauchen. Eine Wahrheit oder Wirklichkeit können wir nur so weit anerkennen, als sie im Dienste unseres Kampfes gegen die Unterdrückung steht. So ist's auch mit der Kunst. Nehmen wir zum Beispiel die Dichtung. Nur wenn sie das Elend und die erbärmlichen Zustände schildert, in denen das Proletariat dahinvegetiert, oder wenn sie die Massen zum Kampf um die Freiheit aufrüttelt, ist sie in unseren Augen Dichtung – das andere ist bürgerliche Spielerei! Du denkst darüber natürlich anders?"

„Selbstverständlich! Was du erwähnst, ist bestenfalls Tendenzliteratur und hat mit Dichtung nichts zu schaffen. Wenn ein Dichter sich mit der Absicht hinsetzt, ein Werk zu schreiben, welches moralisch, ethisch oder sozial auf die Menschen wirken soll, so wird er bestenfalls als Sittenprediger wirken, doch noch lange nicht als Dichter. Goethe sagte einmal: ‚Denn ein gutes Kunstwerk kann und wird zwar moralische Folgen haben, aber moralische Zwecke vom Künstler fordern, heißt, ihm sein Handwerk verderben.' Im Gegensatz zu solcher Beziehungs- und Bildungsdichtung,

Rechtfertigung von ethischen Forderungen oder Lösung gedanklicher Probleme, mit einem Wort im Gegensatz zur ‚Literatur' – und das ist es nur, was heute von allen Seiten als Dichtung ausgerufen wird – ist der letzte Sinn aller wahren Dichtung seelische Erschütterung, Neugestaltung des Weltstoffs durch ein schöpferisches Ich; die tragische, ihre höchste und reifste Form: Neugestaltung durch ein heroisches Ich im heroischen Maß. Der Dichter gestaltet also die Welt, die er in sich trägt, im Kunstwerk, unabhängig von Zwecken und Tendenzen – es ist ein großes, schicksalhaftes ‚Müssen', kein ‚Wollen'! So haben sich die großen Dichter ausgewirkt: Homer, Dante, Shakespeare, Goethe, Hölderlin, Nietzsche, Stefan George."

„Ich sagte es schon vorhin," erwiderte Heinrich, „mit diesen Feststellungen kommen wir keinen Schritt vorwärts! Wir stehen in einem erbitterten Kampf auf Leben und Tod mit den Kapitalisten. Verlieren wir, sind wir auf Lebensdauer versklavt, siegen wir, beginnt erst unser Dasein: deshalb ist uns jedes Mittel zu diesem Kampfe recht. Wenn du von einem Dichter sprichst, müssen wir erst fragen: steht er auf unserer Seite oder auf der Seite der Besitzenden? Sagst du dann: er steht über diesen Dingen, auf einer höheren Warte oder so ähnliches, müssen wir ihn ablehnen! So etwas gibt es für uns nicht: wer nicht für und mit uns ist, ist gegen uns! Um unser Ziel zu erreichen, müssen wir rücksichtslos konsequent sein und jede Ideologie abweisen. Für uns gibt es nur schwarz und weiß, Kapital – Proletariat, Unterdrücker – Unterdrückte, alles, was in dieses System nicht hereinpaßt, außerhalb steht, geht uns nichts an und wird abgelehnt! Mit der Malerei ist es dasselbe, nur soweit sie antikapitalistische Tendenzen hat, begrüßen wir sie. Da ist zum Beispiel der Zeichner George Grosz, ja, für den treten wir voll und ganz ein! In seinen Karikaturen zeichnet er das Gesicht der herrschenden Klasse: seht, so sehen eure Ausbeuter, die ‚Herren', in Wirklichkeit aus, das ist der Staat, die ‚gottgewollte Obrigkeit'! Wenn er teilweise übertreibt, was geht's uns an? Wir wollen seine Tendenz: die stumpfsten Proleten werden aufgestachelt, wenn sie diese Zeichnungen sehen, in den dumpfsten Leuten erwacht der Haß! Ja, das ist es, was wir nötig haben, grenzenlosen Haß, Haß gegen die Ausbeuter und ihren Knecht, die Bourgeoisie! Und Haß atmen die Bilder von Grosz, der sich allen mitteilt und zur Tat aufruft! Nur solche Künstler kommen für uns in Frage, auch wenn du behauptest, Grosz könnte nichts!"

„Ich bin weit davon entfernt, die Fähigkeiten von Grosz abzustreiten," sagte ich, „er ist in seiner Art genial, er ist alles: Kämpfer, Proletarier, Politiker, Satiriker, Hasser, nur eins nicht – Künstler! Nur mit Liebe und aus Liebe können Ewigkeitswerte, Kunstwerke entstehen. Der Haß in der Kunst, wo er allein auftritt, hat keine Berechtigung. Es gibt auch andere Proletarierkünstler, die ich hoch schätze, wie Käthe Kollwitz und Baluschek. Diese malen auch das Elend der Arbeiter, aber mit großer Liebe und voll Mitleid, darum schaffen sie Unsterbliches. Besonders Baluschek liebe ich: aus allen seinen Bildern, mögen sie die trostlosesten Landschaften und verkommensten Menschen darstellen, weht etwas Göttliches, Weiches, Gutes ... ein kleiner Vogel, der aus dürren Zweigen auftaucht und singt, Blumen, die aus Schutt und Asche herausleuchten, ein Stück des blauen Himmels, glückliche Kinderaugen – immer ist etwas da, das uns bewegt und tröstet; im größten Elend, im ödesten Grau lebt und webt Seelentum. Freilich, ich versteh euren Standpunkt, ihr wollt nicht die Kunst als Kunst, die geistige Frage berührt euch nicht, ihr braucht sie als Mittel zum Zweck. Alles soll irgendwie eurem Kampfe dienen, und so ist allerdings Grosz als Mittel für diesen Kampf geeigneter als alle großen Maler zusammengenommen, die die Menschheit bisher hervorbrachte!"

Heinrich nahm aus seiner Schublade Künstlermappen und breitete sie auf dem Tisch aus. Wir sahen die Bilder verschiedener moderner Maler: Kokoschka, Pechstein, Marc, Klee, Hofer, Beckmann und andere. Heinrich schüttelte den Kopf: „Das soll nun ‚Kunst' sein? Ich kann davon nichts verstehen. Ich möchte Sachen aus dem Leben sehen: Leben und Not der Arbeiter, oder so etwas – hier ist aber alles verzerrt und unklar. Weiß der Teufel, es scheint mir, daß dieses alles Spielerei von müßigen Bürgern ist, der werktätige Mensch weiß damit nichts anzufangen!"

Ich versuchte Heinrich etwas das Wesen dieser modernen Kunstrichtung klarzumachen: „Sieh mal, die Expressionisten wollen gar nicht die Wirklichkeit abmalen – wie die große Kunst überhaupt niemals ein Nachbilden, sondern ein Neubilden, Neugestalten, Neuschaffen war – oder wie die Impressionisten die Natur passiv aufnehmen und wiedergeben –, sondern der eigenwillige, explosive, rücksichtslose, schöpferische Erlaß des Geistes wird als Sinn gesetzt, als der Ausdruck eigenen inneren Erlebens, ganz unabhängig von einer realen Wirklichkeit. Freilich, dieses innere Erleben muß mit der Wirklichkeit verantwortlich und innig verbunden sein – der Künstler muß im höheren Sinne die Strömungen der Zeit in sich tragen, sonst fehlt dem Kunstwerk die Seele, wie wir es heute so oft finden. Sehr vielen, die sich berufen fühlen und malen, fehlt diese innerliche Gewalt – es ist nur eine Einbildung –, und dann entstehen rein persönliche, nicht typische Ergüsse, die anderen Menschen nichts zu sagen haben: das Zerrbild statt der Gestaltung, der Schrei statt des inneren Rufes, der Schein statt des Bildes!

Schädlich vom künstlerischen Standpunkt aus ist auch die Verquickung von Kunst und Tendenz – die Gründe führte ich schon vorhin bei unserem Gespräch über die Dichtung an. Die Expressionisten wollen eine neue Weltstimmung schaffen: die Schranken der bisherigen Staaten und Völker sollen gebrochen, die Menschheitsgemeinschaft soll Wirklichkeit werden. Damit soll sich die Kunst in den Dienst einer politischen Idee stellen – um eine solche handelt es sich doch nur, obwohl es häufig bestritten wird –, und so wird die Kunst zum bloßen Mittler gedrückt und prostituiert! Man mag nun so oder so zum Expressionismus stehen, eine ‚Spielerei für müßige Bürger', wie du sagtest, ist er sicherlich nicht, man könnte alles andere eher behaupten; und die großen neuen Maler – nur von diesen kann die Rede sein, nicht von zahlreichen, wertlosen Mitläufern einer jeden Richtung – schaffen das, was sie innerlich sagen müssen – so der Ausdruck einer ungeklärten, verworrenen, im Übergang befindlichen Gegenwart werden."

Es lag viel Ironie in der Tatsache, daß die jüngeren Maler von den Proletariern – mit denen sie sich doch geistig solidarisch erklären – überhaupt nicht verstanden wurden, ja als „müßige Bürger" bezeichnet waren! Die Arbeiter besaßen einen sehr starken, ausgesprochenen Standesdünkel, der sich besonders in der Verachtung ausdrückte, mit der auf alles nicht-proletarische, „geistige" gesehen wurde. Zwar betonten sie öffentlich, bei Diskussionen, Versammlungen und so weiter stets, daß sie unter „Proletarier" nicht nur die Handarbeiter verständen, sondern auch die „Intellektuellen", die „geistigen Arbeiter", soweit sie sich als Ausgebeutete fühlen; doch geschah das mehr aus taktischen Gründen, in Wahrheit galten dem Arbeiter nur die „Werktätigen", das heißt die mit der Hand Arbeitenden, als allein gleichwertig. Aus dieser Einstellung entsprang die Abneigung gegen alle geistigen Strömungen, wie zum Beispiel Kunst und Literatur, soweit sie eben nicht direkt im proletarischen Sinne wirkten, wie etwa die handgreifliche Tendenz eines Grosz. Unter Kunst verstand man eben Luxus, eine Angelegenheit, die nicht lebensnotwendig war – eben eine Spielerei für müßige Bürger! So hatten die Arbeiter nicht den geringsten künstlerischen Geschmack und Sinn, man erkannte dies an den trostlos kitschigen Bildern, die in den Wohnungen hingen, an den Auslagen der Buch- und Kunsthandlungen – die ja ein sehr treffendes Bild von den geistigen Bedürfnissen der Bewohner geben – und an der Auswahl der Unterhaltungslektüre: reine Kolportage!

Eine Pause in unserer Unterhaltung trat ein. Es war schon sehr spät, nach zwölf. Der Schein der Petroleumlampe auf dem Tisch beleuchtete die roten, erhitzten Gesichter der Arbeiter. Die Frau stellte einen großen Teller mit Butterbroten vor uns hin und goß jedem Kaffee in eine Kanne ein. Wir aßen alle mit großem Hunger.

Die Kinder hatten sich natürlich schon längst ins Bett gelegt. Die Frau hatte während unseres ganzen Gespräches still in ihrer Ecke gesessen und gearbeitet. Sie sprach kein Wort, doch fühlte ich häufig ihre grauen, traurigen Augen auf mich gerichtet.

Bald setzte die Diskussion wieder ein. Wir kamen nun auf die Philosophie zu sprechen. Heinrich und der Ästhet ließen nur Marx gelten, Hermann und Wilhelm führten Stirner, Krapotkin und Bakunin an.

„Wenn wir erst einmal an der Macht sind," erklärte Heinrich, „wenn eine neue proletarische Weltkultur beginnt, können unsere Gelehrten und Wissenschaftler so viele philosophische Systeme aushecken, wie sie wollen – heute, wo wir vor dem größten Entscheidungskampf stehen, können wir nur solche Dinge brauchen, die uns unmittelbar im Kampfe stützen, alles andere müssen wir vorläufig als verwirrend und störend abweisen.

Es ist mir nicht so wichtig, ob Marx die Wahrheit erfaßt hat, ob er recht oder nicht recht hat, wichtig ist mir nur, daß die materialistische Geschichtsauffassung von Marx heute für unsere Bewegung die einzig nützliche ist. Jedem

Prolet muß eingehämmert werden, daß das Paradies nur auf Erden und nur durch die Fäuste des Proletariats aufgerichtet werden kann. Ich halte sonst nicht viel von Philosophie und so'n Zeug, aber ich glaube, daß sie nötig ist für unsere ‚Intellektuellen' und um die proletarische Bewegung gewissermaßen zu runden: sie soll nicht nur politisch, sondern auch philosophisch begründet sein, ja, meinetwegen auch religiös, wir stellen auch Christus in den Dienst unserer Idee, wenn es etwas nützen kann – der Erfolg ist alles!"

Wir waren allmählich müde geworden, und das Gespräch löste sich in Einzelheiten auf. Die Gedanken zerflatterten, wir kamen vom Hundertsten ins Tausendste – doch fast immer derselbe Kreislauf: am Ende stand das politische Nützlichkeitsprinzip. Häufig widersprach mir Heinrich gar nicht, er sagte: „Vielleicht hast du recht, aber nützt es uns?" und damit war dem Disput der eigentliche Grund entzogen.

Schließlich kamen wir auf persönliche Dinge zu reden, wir stellten unsere politische Feindschaft fest.

„Falls es nun zum entscheidenden Bürgerkrieg kommen sollte zwischen Kapital und Proletariat, oder der ‚weißen' und ‚roten' Armee, wie ihr es nennt, würdest du gegen uns kämpfen?" fragte Heinrich. „Ja, selbstverständlich, es wäre meine Pflicht und Überzeugung."– „Wenn wir uns dann, sagen wir mal im Straßenkampf, treffen sollten, würdest du auf mich schießen?" Ich überlegte. „Du stellst natürlich eine schwierige Frage, die nicht so leicht zu beantworten ist. Meine Pflicht wäre es in solchem Augenblick, da du mir dann als Feind gegenüberstehst. Doch wir sind nur Menschen, und menschliche Gefühle und Stimmungen sind oft stärker als Überlegungen der Vernunft. Da ich dich als Mensch liebe und schätze, würde ich wahrscheinlich nicht schießen! Und du?" – „Ich würde es tun! Auch ich habe dich sehr gern – doch höher als alles auf der Welt steht mir die Sache des Proletariats! Siegen können wir nur, wenn wir unsere Feinde – und dann bist du unser Todfeind – rücksichtslos beseitigen. Ja, ich gehe weiter: ich würde meine Brüder, meine Kinder niederschießen, wenn sie auf der Seite unserer Feinde ständen! In einem solchen Kampfe um Freiheit oder Sklaverei muß jede menschliche Stimme schweigen!" Es war ein merkwürdiges Gespräch; wir saßen hier alle friedlich, freundschaftlich um den Tisch herum und unterhielten uns sachlich darüber, wie wir uns in der Zukunft töten würden! Dann behandelten wir wieder allgemeinere Dinge.

Plötzlich, mitten in einem Satze, erhob sich Heinrichs Frau, trat auf mich zu und legte ihre Hände auf meine Schultern; dicht vor mir sah ich die schwermütig-müden Augen und hörte ihre leise Stimme: „Können wir uns denn verstehen? Sie kommen ja aus einer ganz anderen Welt!" Nach diesen Worten ging sie wieder still zu ihrem Platz.

Ich war tief ergriffen! Hier sprach die Frau aus, was ich dunkel die ganze Zeit gefühlt hatte – auch schon damals bei dem ersten Gespräch mit Franz –, es standen sich zwei Welten gegenüber, zwischen denen es ein Verstehen nicht gab. Wie seltsam: da saßen wir nun versammelt, Menschen mit gleichen Anlagen, mit vielen gleichen Hoffnungen und Gefühlen, Freuden und Leiden, mit guten und schlechten Eigenschaften, Menschen, aus demselben Volke stammend, dieselbe Sprache sprechend, jetzt durch gemeinsame Not und Arbeit gebunden – und doch gähnte eine unüberbrückbare Kluft zwischen uns. Mir schien es, als ob ich von einem fremden Planeten gekommen sei und Menschen einer mir wesensfremden, unbekannten, unverständlichen Welt gegenüberstand. Eine Verständigung, irgendeinen Berührungspunkt, eine Synthese konnte es nicht geben, da wir aneinander vorbei redeten: wir bewegten uns auf verschiedenen Ebenen!

Es war zwei geworden. Heinrich stand auf und sagte: „Na, Kumpel, nun wird Schluß gemacht. Das nächste Mal kann es weitergehen! Du, Alex, wirst nun einen Einblick in die proletarische Gedankenwelt bekommen haben; so wie wir es sagen, denken sie ungefähr alle, wenn sie's auch verschieden ausdrücken!"

Wir schüttelten uns alle kameradschaftlich die Hände und wünschten bald wieder zusammenzukommen. Die Frau leuchtete mit der Lampe auf den dunklen Flur. Wieder konnte ich mich nicht dem Banne ihrer grauen Augen entziehen. Eben, durch den gelben Schein des Lichtes, glänzten sie seltsam – eine namenlose Wehmut, müde Verzweiflung, zu Boden drückendes Leid sprachen aus ihnen, es waren die Augen eines Menschen, der auf alles verzichtet hat und im dumpfen, traurigen Dahindämmern sein Leben verbringt!

Wir tasteten die dunkle Treppe hinunter und standen bald auf der Straße. Eine kurze Strecke hatten wir denselben Weg. Wir gingen schweigend. Es war eine schwüle Sommernacht, Gewitterstimmung lag schwer in der Luft. Engverschlungene Liebespärchen huschten im Dunkel an uns vorbei. Ab und zu wurden die gröhlenden, heiseren Stimmen von Betrunkenen vernehmbar. An einer Straßenecke verabschiedete ich mich von meinen Begleitern und ging nun allein meinen Weg zum Ledigenheim. Noch kreisten meine Gedanken um die Gespräche dieses Abends, und die leise Frauenstimme klang in mein Ohr: „Können wir uns denn verstehen? Sie kommen ja aus einer ganz anderen Welt!" –

Urlaub

Schwer lag der Druck der französischen und belgischen Besatzungsarmeen auf der Bevölkerung des Ruhrgebietes. Der „passive Widerstand", der vom Staate proklamiert war und hinter dem auch die Arbeiterschaft geschlossen stand – die geförderte Kohle lag gekippt in den Halden, ohne weiter transportiert zu werden – steigerte noch die Erbitterung zwischen den Bewohnern und dem Militär. Besonders die Arbeiter wurden in Mitleidenschaft gezogen. Zusammenstöße mit den Soldaten, Verhaftungen, Erschießungen, zum Beispiel die grundlose Ermordung der dreizehn Kruppschen Arbeiter in Essen, usw. gehörten zu den Dingen, die man täglich zu hören bekam. Diese Zustände verschlimmerten sich besonders durch die sogenannten „Sabotageakte": Sprengungen von Brücken, Erschießungen französischer Soldaten aus dem Hinterhalt, Bombenattentate auf fahrende Züge und ähnliches, ausgeführt von meist jungen Deutschen, die aus patriotischem Fanatismus glaubten, durch solche Taten dem Vaterland zu nützen. Doch erreicht wurde dadurch nichts, die Franzosen hatten kaum nennenswerten Schaden, dafür aber die Möglichkeit, die brutalsten Vergeltungsmaßnahmen gegen die unschuldige Bevölkerung zu ergreifen: Verhaftung angesehener Bürger als Geiseln, Auferlegung von riesigen Strafkontributionen auf die verarmten Gemeinden, Verhängung des Belagerungszustandes und andere schwere Strafen.

In der Mitte des Sommers geschah ein Sabotageakt, der die schwersten Folgen hatte: in Duisburg hatte man Bomben in einen Militärzug geworfen, wobei eine große Anzahl Franzosen und Belgier getötet wurden. Sofort, Stunden später, erklärte die Besatzungsbehörde schärfsten Belagerungszustand für Duisburg und Umgebung. Der Bürgermeister und zahlreiche Beamte wanderten als Geiseln in die Gefängnisse, die Elektrischen durften nicht mehr verkehren, Theater und Kinos hatten zu schließen, selbst die Hotels und Gasthäuser durften nur zwei Stunden in der Mittagszeit geöffnet werden. Schwer traf die Bevölkerung das Verbot, von sieben Uhr abends bis fünf Uhr morgens die Straße zu betreten. Da angeblich aus den Fenstern Gegenstände auf Angehörige der Besatzungsarmee geworfen waren, wurde dieses Verbot noch dadurch verschärft, daß jede Beleuchtung in den Zimmern während der Sperrzeit, das Öffnen der Fenster, ja selbst das Stehen hinter geschlossenen Fenstern untersagt wurde. Die kleinste Übertretung dieser Bestimmungen konnte mit Todesgefahr verbunden sein. In Duisburg-Beeck wurde eine Frau, die nach sieben Uhr zum Fenster hinausblickte, von der Straße aus durch Belgier erschossen. Die Soldaten knallten einfach in die Fenster hinein, wenn sie Licht sahen. Aber auch die Menschen, die sich streng an die Vorschriften hielten und aus beruflichen Gründen mit französischen Erlaubnisscheinen versehen nach sieben Uhr auf der Straße weilten, wie die Ärzte oder die Hebammen, schwebten in ständiger Lebensgefahr, da die Posten sehr oft ohne jeden Anruf scharf schossen. Mehrere Ärzte und Frauen sind so auf der Straße getötet worden.

Wir als Insassen des Ledigenheimes – es lag hart an der Hamborner Grenze, gehörte aber noch zu Duisburg-Beeck – litten sehr unter den Sperrbestimmungen. Es bildete geradezu eine Qual bei der herrschenden übermäßigen Hitze, von sieben Uhr ab bei geschlossenen Fenstern in den stickigen, übelriechenden Zimmern sich aufzuhalten. Wir gingen vollständig nackend oder nur mit der Badehose bekleidet in unseren Räumen umher, gossen eimerweise kaltes Wasser auf den Fußboden, um eine kühlere Atmosphäre zu erzeugen – es half nicht viel, da wir nicht die Möglichkeit hatten, zu lüften. Die belgische Patrouille – in dieser Gegend lag nur belgische Besatzung – kam gewöhnlich zwischen acht und halb neun am Ledigenheim vorbei. Wir lauerten dann vorsichtig durch die Scheiben, ohne von draußen gesehen zu werden, und erkannten zwölf Soldaten, die schußfertig Gewehre in der Hand hielten und unsere Fenster scharf beobachteten.

In den nächsten Tagen patrouillierte die Abteilung später durch die Gegend, gegen halb zehn, und da diese Stunde längere Zeit hintereinander eingehalten wurde, schöpften wir Mut und wagten uns vor halb zehn auf den Hof hinaus, um frische Luft zu schnappen. Natürlich sicherten wir uns: zwei Mann, die von Zeit zu Zeit Ablösung erhielten, standen als Posten außerhalb der Umzäunung, wo sie eine bessere Übersicht hatten, da die Gegend um unsere Behausung flach lag. Erblickten sie von weitem die braunen Jacken der Belgier, schrien sie: „Die Belgier!", und alles raste wie der Wirbelwind in die Baracken. So gelang es uns, einige Zeit die lästige Bestimmung zu umgehen – bis das böse Ende kam!

Eines Abends nach sieben saßen wir wie immer vor der Eingangstüre auf den schmalen Holzbänken. Einige Arbeiter lasen Zeitungen oder Schmöker, andere spielten, rauchten und unterhielten sich. Zwei junge Burschen, nur mit Hemd und Hose bekleidet, standen irgendwo draußen als Posten. Der Abend war sehr heiß und schwül, doch die Luft schien hier erträglicher als drinnen in den dumpfen Räumen. Ich lehnte an der Wand und sprach mit dem „Bukkel", der mit den Armen fuchtelte und über alles Mögliche fluchte. Plötzlich, die Uhr mochte ein Viertel nach sieben sein, krachten laut und scharf Schüsse aus unmittelbarster Nähe, Kugeln pfiffen um unsere Ohren und schlugen durch die Holzwände hinter uns! Ein allgemeines Aufbrüllen, und panikartig, wie die Besessenen, stürzten wir in die Häuser. Ein regelrechtes Schnellfeuer prasselte draußen. In meinem Zimmer warf ich mich auf den Boden – dicht unter dem

Bett riß eine Kugel ein Loch in die Wand. Fünf Minuten wohl dauerte die Knallerei, dann wurde es still. Endlich wagten wir uns aus den Zimmern hinaus und sammelten uns im Korridor, aufgeregt und bleich noch von dem Schreck. Die Belgier hatten sich wahrscheinlich unbemerkt herangeschlichen und uns draußen erspäht. Es schien niemand getroffen zu sein, allerdings wußten wir nichts von den Insassen der übrigen Baracken. Natürlich wagten wir uns heute nicht mehr nach draußen.

Am nächsten Tag erfuhren wir erst Näheres. Die beiden Burschen, die als Posten gestanden hatten, waren verschwunden. Einige erzählten, sie hätten gesehen, wie die beiden hingestürzt seien, aber es ließ sich nicht feststellen, ob sie verwundet, getötet waren oder ob sie sich hingeworfen hatten, um Deckung zu suchen. Jedenfalls hatten die Belgier sie mitgeschleppt. Überall sah man die Spuren der Geschosse: zahlreiche Fensterscheiben hatten sie zerschmettert, viele Löcher zeigten sich in den Holzwänden, vom Dache des Eßsaales waren große Stücke abgerissen. Die Belgier hatten förmlich das ganze Ledigenheim mit Feuer überschüttet. Glücklicherweise war niemand verwundet worden – vielleicht außer den beiden Posten, von deren Schicksal wir nichts wußten. Dem dicken Arbeiter, der uns gegenüber wohnte, hatte eine Kugel ein Loch durch seine blecherne Eßschüssel geschlagen, worüber er in große Wut geriet.

Eine Woche später – wir holten gerade unsere Mittagsration – erschienen plötzlich die beiden Vermißten, aber in welchem Zustand! Wie schwer Bezechte torkelten die beiden auf den Hof, die Hemden hingen in Lumpen, von Blut und Schmutz beschmiert, von den Körpern herunter, die Haare flatterten zersaust um die gelben, ausgemergelten Gesichter! Wir umringten die beiden Arbeiter, die sich kaum auf den Füßen halten konnten, und bestürmten sie mit Fragen. Aus ihren unzusammenhängenden und wirren Worten erfuhren wir endlich ihre Erlebnisse. Die belgischen Soldaten hatten sich damals wohl unbemerkt an den Häusern der Arbeiterkolonie entlang geschlichen und waren vollständig überraschend kaum zwanzig Schritt vor den beiden aufgetaucht und hatten sofort geschossen. Da Flucht unmöglich schien, hatten sich die Arbeiter platt auf den Boden geworfen, um wenigstens einigermaßen gedeckt zu sein. Nachdem die Belgier ihre Schießlust befriedigt hatten, waren sie auf die Liegenden gestürzt, und unter Kolbenstößen und Peitschenhieben wurden die Gefangenen fortgeschleppt. Eine Woche lang mußten beide in einem Gefängnis sitzen, bei schlechtester Verpflegung. Häufig erhielten sie ohne jeden Grund Prügel mit der Peitsche. Endlich hatte man sie dann herausgelassen. Die Arbeiter zogen ihre zerlumpten Hemden aus und zeigten ihre entblößten Oberkörper, ein gräßlicher Anblick: die Rücken waren dicht besät mit Striemen, die, von Blut verkrustet, sich tief ins Fleisch gruben! Dieser Anblick übte eine große Wirkung aus, die herumstehenden Arbeiter schimpften wütend durcheinander: „Diese verdammten Belgier sind ja ebensolche Schufte wie die Grünen!" … „Mir sollte mal einer von diesen Hunden in die Finger kommen!" … „Ob grün, blau oder braun – alles, was so'n Soldaten- oder Beamtenpack ist, sollte verrecken!"

In diesen Tagen fühlte ich mich durch die schwere Arbeit unter Tag und die drückende Hitze oben so ermattet, daß ich mir vornahm, Urlaub zu bitten, um ins unbesetzte Gebiet zu reisen, meine Eltern und Geschwister zu besuchen und einige Tage mich gründlich zu erholen. Tarifmäßig stand mir ein Urlaub noch nicht zu – erst nach einem Arbeitsjahr hatte ich den Anspruch auf einen sechstägigen Urlaub –, doch stand ich mich mit meinem Steiger gut und erhielt die Erlaubnis, ohne befürchten zu müssen, meine Stelle zu verlieren. Einen Anspruch auf Lohn während der Freizeit hatte ich natürlich nicht.

Den Urlaub erhielt ich also leicht, schwerer dagegen war eine Ausreiseerlaubnis zu bekommen. Die Franzosen hatten als Strafmaßnahmen Reisesperre verhängt: niemand durfte das besetzte Gebiet verlassen, nur in allerdringendsten Fällen – als solche galten Todesfälle oder tödliche Erkrankungen eines Angehörigen – wurde ausnahmsweise eine Erlaubnis bewilligt. Ich ließ mir durch meinen Bruder ein gefälschtes ärztliches Zeugnis schicken, auf dem angegeben war, daß mein Vater tödlich erkrankt und mein Kommen sofort erforderlich sein. Mit diesem Schein, den ich von der Duisburger Polizeibehörde bestätigen ließ, hatte ich das nötige Papier, um die Ausreiseerlaubnis zu erhalten, es kam nur noch darauf an, von der französischen Behörde abgefertigt zu werden. „Nur noch!“ dachte ich damals, ohne zu ahnen, daß die größte Schwierigkeit erst vor mir lag!

Das französische Büro, wo diese Angelegenheiten behandelt wurden, befand sich im Rathaus von Duisburg, täglich von elf bis ein Uhr vormittags und von vier bis fünf Uhr nachmittags geöffnet. Da der Andrang sehr groß sein sollte, beschloß ich, sehr rechtzeitig anwesend zu sein, und ging schon um Punkt fünf Uhr morgens vom Ledigenheim ab. Die Elektrische verkehrte ja nicht, so hatte ich etwa zwei Stunden bis Duisburg zu gehen.

Als ich um sieben Uhr im Rathaus eintraf, stand schon eine lange Kette von wartenden Menschen vor der betreffenden Tür, und dabei wurde doch erst um elf geöffnet! Einige deutsche Polizeibeamte sorgten im Korridor, in dem sich die Menge drängte, für die Ordnung. Ich suchte auf Grund meines Dringlichkeitsscheines Vortritt zu erhalten, die Beamten zuckten mit den Schultern: „Es sind alles dringende Fälle!“ So mußte ich mich hintenanstellen, jede Hoffnung schwand mir, an diesem Tage abgefertigt zu werden. In der Tat hatten die hier Versammelten die dringendsten Gründe für eine Ausreise: bei fast allen handelte es sich um den Tod oder eine schwere Erkrankung eines Angehörigen im unbesetzten Gebiet. Ich sah Duisburger Bürger, Männer und Frauen, Handwerker, Arbeiter. Immer mehr Menschen sammelten sich, um elf stand der Korridor platzend voll. Viele erzählten, daß sie schon zehn bis zwölf Mal hergekommen seien, ohne Erfolg. Ein älterer Herr beklagte sich über die Rücksichtslosigkeit und Rohheit des französischen Beamten. Eine nahe Verwandte in Hamburg war vor einiger Zeit schwer erkrankt; als er daraufhin um Ausreiseerlaubnis nachsuchte, antwortete ihm der Franzose: „Warten Sie, bis sie tot ist, dann erhalten Sie zur Beerdigung die Erlaubnis!" Ich erkundigte mich, wie viele täglich abgefertigt würden. „Na, fünf bis sechs, mehr auf keinen Fall!" erhielt ich als Antwort. Das war eine schöne Aussicht – dreißig Menschen standen vor mir!

Erst gegen halb zwölf öffnete sich die Türe, ein bleicher, schmächtiger französischer Unteroffizier, der Gehilfe des Beamten, steckte den Kopf heraus und ließ den ersten Wartenden eintreten. Nach einer halben Stunde kam er heraus, der zweite und dritte kamen an die Reihe, und als die Uhr eins zeigte, hatte man tatsächlich erst drei Personen abgefertigt! Es wurde mitgeteilt, daß das Büro bis vier Uhr nachmittags geschlossen sei. Fast niemand ging fort, um den Platz nicht zu verlieren, auch ich blieb. Bis vier erschienen noch zahlreiche „Bittsteller". Von vier bis fünf hatten noch zwei das Glück, abgefertigt zu werden, dann endete die Bürozeit, und von den fünfzig Personen, die den ganzen Tag gewartet hatten, konnten fünfundvierzig wieder unverrichteter Sache nach Hause ziehen!

Es lag hier offensichtlich eine bewußte Schikanierung des Publikums durch die Besatzungsbehörde vor. Dieses Schauspiel wiederholte sich für mich drei Tage: drei Tage ging ich meine zwanzig Kilometer hin und zurück und stand von sieben Uhr morgens bis fünf Uhr nachmittags ohne Unterbrechung wartend im Korridor, abends langte ich dann jedesmal körperlich erledigt im Ledigenheim an. Es wurde mir nun klar: auf diese Art und Weise konnte ich einen Erlaubnisschein nie erhalten. Ich beschloß, nach Duisburg zu übersiedeln, um die Möglichkeit zu haben, mich schon von fünf Uhr morgens ab als erster anzustellen. Ich packte meine Habseligkeiten in meinen Rucksack, verabschiedete mich von den Kumpels und wanderte nach Duisburg.

In einem kleinen, schäbigen Hotel nahe dem Rathaus fand ich Unterkunft. Nachdem ich gegessen hatte, bummelte ich noch ein wenig durch die Stadt, die ich kaum wieder erkennen konnte! Früher herrschte hier Lärm und Leben – nun lag alles wie ausgestorben, die Cafés, Kinos und Theater hatten geschlossen, keine Elektrische verkehrte, selten sauste mal ein französisches Militärauto durch die Straßen. In der städtischen Bibliothek hielt ich mich bis zum Abend auf, um die Zeit durch Lesen zu verkürzen.

Pünktlich um sieben befand ich mich wieder im Hotel. Abendessen durfte offiziell nicht verabreicht werden, doch erhielt ich „unter der Hand" in meinem Zimmer kalten Aufschnitt und Bier. Der dicke Hotelbesitzer, der das Essen brachte, sagte mir: „Vor allen Dingen bitte ich Sie, sich nicht in der Nähe des Fensters aufzuhalten! Vorgestern hat ein Herr – eine Etage tiefer – sich rein zufällig dem Fenster genähert, sofort wurde von draußen in die Scheibe geschossen; der Herr erhielt einen Streifschuß in die rechte Schulter. Also seien Sie bitte vorsichtig!" Ich befolgte diesen Rat getreulich, hielt mich nur in der Mitte des Raumes auf und legte mich frühzeitig ins Bett. Wie ungewohnt und angenehm war es doch, nach langer Zeit in einem Zimmer allein zu schlafen, ohne Fuselgestank und Schnarchlaute! Dieses Zimmer hatte die unpersönliche Art aller Hotelräume – doch mir schien es ein Prachtraum nach dem Ledigenheim!

Am nächsten Morgen ließ ich mich um vier wecken, und um Punkt fünf, als der erste Schlag der Rathausuhr ertönte, stürzte ich aus dem Haus zum Rathaus hin. Zu meinem größten Schreck fand ich bereits drei wartende Menschen vor. Immerhin hatte ich als vierter berechtigte Hoffnung. Langsam verstrich die Zeit bis elf, fortwährend sammelten sich die Menschen. Als das Büro geöffnet wurde, stand der Korridor wieder platzend voll! Der erste trat ein, um zwölf der zweite, nun stand nur noch einer vor mir. Um halb eins ließ man ihn herein. Jetzt mußte ich an die Reihe kommen, schon frohlockte ich – da schlug es eins. Büroschluß für den Vormittag! Aber ich rührte mich nicht vom Platz, den ich so mühsam erkämpft hatte – um vier Uhr mußte ich ja unbedingt abgefertigt werden! So stand ich geduldig von fünf Uhr morgens bis vier Uhr nachmittags. Um vier Uhr erschien eine große Zahl ausländischer Kaufleute, die Vortritt hatten. Ihre Abfertigung dauerte genau bis fünf, also bis zum Schluß! Wieder umsonst!

Trotzdem gab ich die Hoffnung nicht auf. Am nächsten Tag stand ich wieder, dieses Mal als zweiter, von fünf Uhr ab im Rathaus. Um halb eins war das Büro noch geschlossen, zehn Minuten nach halb eins streckte der blasse Unteroffizier seinen Kopf heraus und erkläre in gebrochenem Deutsch, daß der Beamte erkrankt sei und das Büro den ganzen Tag geschlossen bleibe! Ich fluchte innerlich: es wurde mir nun doch zu bunt, fünf Tage hatte ich von morgens bis abends gestanden ohne jeden Erfolg! Mein Geld reichte knapp für die Reise. Ich entschloß mich, noch einen Tag mein Glück zu probieren, dann mußte ich versuchen, auf eigene Faust, ohne Papiere, über die Grenze zu gelangen!

Am Morgen des sechsten Tages wartete ich wiederum als zweiter in der Reihe. Diesmal begann die Abfertigung pünktlich um elf Uhr. Mein Vordermann hatte eben das Zimmer betreten, als ein Mann, offenbar ein Handwerker, mit lautem Geschrei versuchte ins Zimmer einzudringen. Die Polizisten versuchten ihn zurückzuhalten. Aus seinen Ausrufen ging hervor, daß seine Frau, die bei Verwandten in Berlin lebte, ein Kind erwartete und so schwer erkrankt war, daß das Kommen des Mannes unbedingt geboten schien. Seit einer Woche hatte er täglich vergebens versucht, vorgelassen zu werden. Heute hatte er ein Telegramm erhalten, mit der Nachricht, daß die Frau im Sterben liege. Nun war es mit der Selbstbeherrschung des Mannes vorbei! Wir sahen, wie er die Beamten zur Seite stieß, die Türe aufriß und ins Zimmer stürzte. Seine Stimme ertönte und andere scharfe Rufe, gleichzeitig irgendein Fall oder Stoß – einige Sekunden später flog die Türe auf und der Mann taumelte hinaus, die Hände vor das Gesicht gepreßt, laut brüllend. Zwischen seinen Fingern tropfte Blut und Wasser, und nun erkannten wir zu unserem Entsetzen, daß das rechte Auge vollständig auslief! Wie ein Betrunkener wankte der Verletzte, zwei französische Soldaten packten ihn am Arm und brachten ihn fort. Wir hörten, was sich im Zimmer abgespielt hatte. Der Mann war in großer Erregung eingedrungen und hatte die sofortige Ausstellung einer Ausreiseerlaubnis verlangt. Der Unteroffizier, der ihn hinausschieben wollte, bekam einen Stoß vor die Brust – sofort zog der Franzose sein Seitengewehr und stach auf den Eindringlich los, traf dabei das eine Auge des Unglücklichen. Wie wir später erfuhren, erhielt der Mann den Ausweisbefehl, sein gesamtes Hab und Gut wurde beschlagnahmt – Begründung: Widerstand gegen einen Angehörigen der Besatzungsarmee! So hatte er schließlich erreicht, was er wollte, aber auf welche Weise!

Dieser Vorfall machte starken Eindruck auf die Wartenden. Man hörte Flüche und Verwünschungen, doch alles ganz leise und dumpf – laut zu sein wagte niemand, die Franzosen machten nicht viel Federlesens und verhafteten jeden ohne weiteres, wenn er wagte, seine Meinung allzu laut zu äußern. Einige Minuten später erschien der Unteroffizier und erklärte in seinem schlechten Deutsch, das Büro würde als Strafe heute den ganzen Tag geschlossen sein! Danach verschwand er wieder und riegelte die Türe zu. Nun entstand doch eine große Erregung! Alles sprach durcheinander: „Unglaubliche Frechheit!" ... „Schweinewirtschaft!" ... „Seit acht Tagen stehe ich mir hier die Beine in den Leib, man ist doch kein Hund!" ... „Das ist noch gar nichts," rief ein kleiner, dicker Kaufmann, „ich stehe seit vierzehn Tagen! Nun aber ist's genug! Morgen gehe ich ohne Erlaubnis über die Grenze!" – „Tun Sie das nicht!" widerrieten anderen, „in den letzten Tagen sind fünf erschossen worden, die so über die Grenze wollten. Die Franzosen passen scharf auf!" – „Ach was, irgendwie kommt man schon rüber!" Die Menschen zerstreuten sich murrend und scheltend, ich schloß mich dem Kaufmann an. Er erzählte, daß in der Nähe von Essen ein kleiner Ort sein, wo es eine günstige Möglichkeit gebe, unbemerkt ins unbesetzte Gebiet zu gelangen, er wisse von mehreren Freunden, die dort glücklich hinübergekommen wären. „Gewiß, ohne Gefahr ist es nicht, aber doch besser als diese stumpfsinnige Warterei hier!" Wir verabredeten, gemeinsam einen solchen Versuch zu machen, und wollten uns vor meinem Hotel am nächsten Morgen halb acht Uhr treffen.

Am Abend packte ich meinen Rucksack, bezahlte die Rechnung und legte mich zeitig schlafen. Um halb acht Uhr am nächsten Morgen stand ich marschbereit vor meinem Hotel und erwartete den Kaufmann. Niemand kam. Es wurde zehn nach halb, immer noch keiner zu sehen. Hatte er im letzten Augenblick Angst bekommen? Um acht Uhr zehn ging der Regiezug nach Essen ab. Ich mußte mich beeilen, wenn ich noch mit wollte. „Hol's der Teufel!" dachte ich und lief zum Bahnhof, gerade noch den Zug erreichend.

Es war mir doch sehr unangenehm, allein loszuziehen. Den Weg kannte ich nicht, nur nach der Beschreibung des Kaufmanns, und ich mußte so auf gut Glück versuchen, über die Grenze zu kommen. Doch was blieb mir übrig? Ein längerer Aufenthalt in Duisburg kam nicht in Frage – das Hotel kostete viel –, noch eine Nacht länger, und das Geld hätte zur Fahrt nicht mehr gereicht, außerdem schien das Warten auf das Ausstellen eines Scheines doch gänzlich aussichtslos.

In Essen herrschte auch eine Art Belagerungszustand, doch weniger streng als in Duisburg: die Elektrischen verkehrten, sonst aber waren auch alle Lokale und die meisten Geschäfte geschlossen, sogar die berühmten Limonadenbuden, die in allen Städten des Ruhrgebietes überzahlreich vorhanden sind. Der Duisburger Kaufmann hatte von dem kleinen Ort S. gesprochen, von wo aus ein Überschreiten am ratsamsten schien. Bis D. fuhr ich mit der Elektrischen, dann mußte ich den Rest zu Fuß zurücklegen, ein herrlicher Spaziergang von fast zwei Stunden! Obwohl ich von innerer Unruhe und zweifelnder Ungewißheit geplagt war, genoß ich in vollen Zügen die Atmosphäre, die mich hier umgab. Die Landschaft, bergig und dicht bewaldet, zog sich weit nach allen Seiten hin, selten schimmerte aus dem Grün mal ein Haus. Welch ein Gegensatz zu meiner bisherigen, gewohnten Umgebung! Keine Schlote, Fördertürme, Mietskasernen, öde Sandflächen, rußige Nebelschwaden – sondern frische, bodenständige, reine Natur! Wie atmete ich diese reine Luft ein! Der ganze Körper fühlte sich durchtränkt von Wohligkeit.

Nach anderthalb Stunden begegnete ich einem Bauern, den ich nach dem Ziel fragte. „Sie wollen über die Grenze! Um Gottes willen, tuen Sie es nicht! Ich kann Ihnen nur einen Rat geben: tuen Sie es nicht! Die Franzosen haben ein fünf Kilometer breites Band – die ‚tote Zone' – hier um das Grenzgebiet gezogen; fast alle Kilometer steht ein

Doppelposten, zwischen diesen verkehren starke Infanteriepatrouillen und berittene Gendarme. Es ist strenger Befehl, daß auf jeden Zivilisten in der ‚toten Zone' geschossen wird. Gestern ist wieder einer kurz hinter S. niedergeschossen worden. Es ist schon ein ganz verdammtes Glück, wenn hier einer heil durchkommt!" Das klang allerdings wenig tröstlich, aber entschlossen ging ich weiter. Noch zehn Minuten, dann senkte sich der Weg, und unten im Tal lag die kleine Ortschaft vor mir. Auf der Landstraße, die sich breit durch das Dorf zog, stand ein französischer Doppelposten hinter spanischen Reitern. Ich schritt suchend durch den Ort, immer mit der Hoffnung, einen wegkundigen Marschgefährten zu finden. An einem Baume lehnte ein Herr im Sportanzug und studierte die Karte. Wir kamen ins Gespräch, und – welch glücklicher Zufall – es stellte sich heraus, daß der Herr, ein Architekt aus Essen, ebenfalls die Absicht hatte, über die Grenze zu gelangen. Natürlich beschlossen wir gemeinsam zu wandern. „Es ist aber nicht ratsam," sagte er, „ohne Führer diese ‚tote Zone' zu durchqueren, wenn man nicht sehr genau Weg und Steg kennt; man kann dann bös hereinfallen! Aber ich habe die Adresse von einem alten Bauer, der hier nicht weit entfernt lebt und für Geld schon zahlreiche Menschen unbemerkt über die Grenze gebracht hat. An ihn wollen wir uns wenden!"

Wir schritten einen steilen Weg hinauf und kamen nach einem viertelstündigen Marsch vor ein kleines Häuschen, das auf einem Hügel lag und schon zum Gebiet der „toten Zone" gehörte. Die Bauern, die hier im Grenzgebiet lebten, hatten französische Ausweise, die ihnen erlaubten, sich in der „toten Zone" aufzuhalten. Das nutzten sie aus, um gegen Entschädigung Leute über die Grenze zu „schmuggeln".

Wir traten in das Haus ein. Um einen großen Tisch saß ein graubärtiger Bauer mit seiner Familie bei Mittagsmahl. Er erhob sich, ging uns entgegen und fragte nach unseren

Wünschen. Als er sie hörte, schüttelte er energisch den Kopf: „Ausgeschlossen! Gestern hab ich es zum letzten Mal getan! Da führte ich einen Kaufmann aus Düsseldorf. Plötzlich auf der Mitte des Weges knallt's von der Seite, und der Kaufmann fällt tot um. Die Franzosen hatten uns aufgelauert und gleich geschossen. Mich ließen sie ja laufen, da ich 'n Ausweis hab, aber – nein, so 'ne Verantwortung nehme ich nicht wieder auf mich!" Nun redeten wir beide auf ihn ein: „Wir haben keine Angst," sagte der Architekt, „wir sind ja alte Frontsoldaten, und Ihnen kann schließlich nichts passieren!" Schließlich überzeugten wir den Bauern, er ließ sich erweichen und erklärte sich bereit, die Führung zu übernehmen. Er nahm einen derben Stock, setzte den alten Hut auf, und wir traten wieder hinaus. „Noch eins, meine Herren," erklärte der Bauer, „sollte uns eine französische Patrouille unterwegs begegnen, was die heilige Mutter Gottes verhindern mag – sich nicht bewegen, stehen bleiben und Hände hoch! Nur so besteht Hoffnung, daß sie uns nicht niederknallen – sie haben übrigens schon häufig auf Menschen mit erhobenen Händen geschossen –, aber immerhin ist die Gefahr dann geringer, als wenn man etwa fortläuft." „Was geschieht dann, wenn die Franzosen, falls sie nicht schießen, Leute ohne Ausweis hier festnehmen?" fragte ich. „Na, zuerst gibt's gewöhnlich eine Tracht Prügel, dann wird man abgeführt und in irgendein Gefängnis geworfen, wo man nicht so bald herauskommt!"

Nach dieser Ausmalung eventueller Zukunftsmöglichkeiten setzten wir uns in Bewegung. „Nach allen Seiten scharf aufpassen, kein Wort reden!" brummte der Führer. Er ging voran, wir, in kurzem Abstand, folgten. Ich beobachtete die rechte Seite des Weges, der Architekt die linke, der Bauer hielt den vorderen Horizont im Auge. Die Landschaft war prachtvoll, bewaldete Bergesrücken umgaben uns, doch nicht allzu günstig für unsere Zwecke, da wir nie das Gebiet, besonders vor uns, weit übersehen konnten. Der Weg hob und senkte sich steil in kurzen Abständen. Drei Kilometer legten wir so schweigend zurück. Das Ziel unserer Wanderung, B., lag noch zwei Kilometer vor uns, dann wäre das unbesetzte Gebiet erreicht! „Nun ist das Schlimmste überstanden," sagte der Architekt, „noch zwei Kilometer, und wir sind frei!" „Nur nicht zu voreilig," knurrte der Führer, „gerade hier an der deutschen Grenze passen sie verdammt auf!"

Jetzt erhob sich ein Hügel vor unseren Blicken, so daß wir die vorliegende Wegstrecke etwa vierhundert Meter weit übersehen konnten. Rechts und links vom Wege, etwa zwanzig Schritt entfernt, zogen sich niedrige Büsche hin. Plötzlich zuckte der Führer zusammen, stieß einen leisen Schrei aus und blieb wie angewurzelt stehen. Wir starrten nach vorn – unser Herzschlag setzte aus: hinter dem Hügel, von der Sonne hell beschienen, tauchten hellblaue Stahlhelme und Bajonette auf … eine französische Patrouille! Instinktiv, ohne ein Wort der Verständigung, stürzten wir wie Wahnsinnige nach rechts und warfen uns dicht hinter das Gebüsch. Langgestreckt preßte ich mich an den Boden, das Gesicht tief in das Gras. Kurz vor mir lag der Bauer, schräg hinter mir der Architekt. „Es ist aus," durchzuckte es mich, „das Gebüsch bietet keine Deckung, es ist niedrig und nicht dicht – ein Blick in unsere Richtung von der Straße her, und wir sind entdeckt!" Die Schritte genagelter Soldatenstiefel ertönten lauter, wir hielten unseren Atem an und erstarrten zu leblosen Gebilden. Nun waren sie da … kaum zwanzig Schritt neben uns! Alles dröhnte unheimlich laut: Tritte, knarrende Lederriemen, klappernde Feldflaschen, Stimmen, Schimpfworte. Trat nicht eben jemand dicht neben mir auf den Boden? Eine heisere Stimmte schallte: „Ces salles boches, ils passent toujours inaperçu la frontière!" Waren wir entdeckt? Ich fühlte eiskalten Schweiß am Körper. Hatten sie unsere Kleidung durch das

Gebüsch schimmern sehen? Doch die Worte bezogen sich nicht auf uns. Endlose Sekunden strichen wie Ewigkeiten dahin. Die Tritte und Stimmen klangen leiser, die Soldaten gingen vorüber. Allmählich wurde er still.

Fünf Minuten lagen wir noch unbeweglich und starr. Dann endlich wagten wir aufzublicken: niemand mehr in der Nähe! Jetzt sprangen wir auf und sahen hinten am Horizont die blauen Helme verschwinden. Das waren furchtbare Minuten gewesen! Meine beiden Begleiter, und wohl auch ich, hatten bleiche Gesichter. Der Bauer schlotterte am ganzen Körper. „Gelobt sei Jesus Maria, gelobt sei Jesus Maria," murmelte er fortwährend und bekreuzigte sich, „um ein Haar, und wir wären alle zum Teufel!"

Nun konnten wir uns überzeugen, wie schlecht und mangelhaft unsere Deckung gewesen war. Zur Probe legte sich der Führer noch einmal hinter das Gebüsch, und wir konnten ihn von der Straße deutlich hinter dem Strauchwerk erkennen. Es war ein reiner Zufall, daß die Franzosen nicht nach dieser Seite geblickt hatten!

Dieses Abenteuer lag uns mächtig in den Knochen, noch tief befangen und äußerst vorsichtig wanderten wir weiter. Auf einmal lag B. vor uns! Wir waren gerettet und im unbesetzten Gebiet! Aus tiefsten Herzen atmeten wir auf – endlich standen wir auf freiem Boden!

Wir bezahlten den Führer, der sehr wenig verlangte, und gingen ins Bahnhofsrestaurant, um unseren Erfolg ein wenig zu begießen. Hier fanden wir einen Handwerker aus Essen, der vor uns die Grenze überschritten hatte und aus Freude darüber sich einen Mordsrausch angetrunken hatte. Mit dem nächsten Zug fuhr ich weiter, von namenlosem Glück erfüllt: eine Reihe freier, heiterer Tage lag vor mir!

Arbeitstage

Anfang September fuhr ich zum ersten Mal nach meinem Urlaub wieder ein. Unwirklich, traumhaft waren diese Tage der Erholung an mir vorübergezogen – nun stand ich wieder in der realen, grauen, alltäglichen Welt der Arbeit. Die Rückkehr ins besetzte Gebiet unternahm ich mit den nötigen Papieren versehen und kam so ohne Schwierigkeiten über die Grenze. Beim Anmelden teilte mir der Steiger mit, daß ich auf derselben Strecke weiter arbeiten sollte, doch mit einem neuen Kumpel, Franz war seit einigen Tagen als Hauer in die 6. Sohle verlegt worden.

Am Morgen des ersten Tages begrüßten mich meine alten Bekannten, Heinrich, Jakob, Franz und andere freudig. Die letzte Neuigkeit, die von allen Seiten lebhaft besprochen wurde, bildete die Einführung von neuen elektrischen Grubenlampen bei Thyssen. Diese Lampen brannten bedeutend heller als die alten, hatten aber dafür ein viel schwereres Gewicht. Über den Nutzen und Wert der neuen Lampen gingen die Meinungen der Bergleute sehr auseinander: man konnte sich so schnell nicht an Neues gewöhnen. Bei den alten Lampen bestand vor allen Dingen der Vorteil, daß man an der Art der Flamme – Breite, Höhe, Färbung –, wenn der Docht niedrig geschraubt wurde, feststellen konnte, ob gefährliche Grubengase in der Luft lagen, und so rechtzeitig imstande war, Sicherheitsmaßnahmen zu treffen. Die neuen Lampen konnten solche Gefahren nicht anzeigen, doch wog ihre Helligkeit viele andere Nachteile auf.

Unter Tage wanderte ich meinen gewohnten Weg zur alten Arbeitsstätte. Auf der Gezähekiste vor der Bremse saß schon mein neuer Kumpel Martin, auf mich wartend. Martin war ungeheuer dick, sein Bauch quoll, breite Falten werfend, wie ein halbvoller Sack über den Lederriemen. Mit seinem dikken, kahlen, glatten Schädel und dem fetten, kleinen Körper sah er wie ein Eunuch aus – doch war er keiner, wie mir allgemein versichert wurde! Martin hatte fünf Söhne, alles Bergleute, der bucklige Maschinist Jakob zählte zu ihnen, doch hatte sich dieser vollständig vom Vater getrennt und haßte ihn wie die Pest. „Altes fettes Hurenschwein!“ nannte der Sohn den Vater, und der Vater sprach vom „buckligen Hanswurst“. Morgens, wenn der Zug vorbeirasselte und Martin gerade oben weilte, warfen sich die beiden, Vater und Sohn, die unflätigsten Schimpfworte an den Kopf. Martin gehörte zu den fleißigsten Arbeitern, und es setzte in Erstaunen, wie behend er die niedrigsten Strecken auf dem Bauche kroch oder mit welcher Geschwindigkeit er arbeitete, obwohl er dabei schwitzte, daß sein Körper wie ein nasses Dach triefte. „Meine Hosen sind so durchschwitzt,“ erklärte er mir einmal, „daß ich sie am Ende der Woche, wenn sie getrocknet sind, frei auf den Boden stellen kann, ohne daß sie umfallen!“ Martin bildete in jeder Hinsicht, nicht nur äußerlich, das Gegenteil von Franz. Franz war Politiker, Revolutionär, Martin haßte jede Politik und Aufregung. Er kannte nur eine Welt, die Welt des Magens! „Wenn ich satt zu fressen habe und zwischendurch mal was zu saufen, geht mich die Welt einen Dreck an!“ Er schimpfte ebenso auf die Kommunisten wie auf die anderen Parteien und den Staat. Martin war sehr redefaul, beim Buttern aß er eine ungeheure Menge von Stullen, trank Kaffee aus seiner Zweiliterflasche und schwieg. Wenn er mal sprach, redete er von häuslichen Angelegenheiten und den neuen Preisen.

Im Ledigenheim hatte sich auch manches geändert: ich bemerkte zahlreiche neue Gesichter. Meine bisherigen Stubengenossen waren fort – die beiden Bergleute hatten Arbeit in Essen gefunden, der Mediziner hatte seine Studien in Heidelberg wieder aufgenommen. Einige Tage lebte ich allein in meinem Zimmer, dann erhielt ich zwei neue

Kameraden, einen kleinen, behendigen Bayern und einen stämmigen, großen Ostpreußen. Besonders mit dem Letztern – er hieß Gerlach – trat ich in nähere Fühlung. Gerlach war glühender Kommunist und zeigte für alle Wissensgebiete großen Eifer. Wir diskutierten viel und machten häufig große gemeinsame Spaziergänge.

Die nächsten Arbeitswochen vergingen schnell und glatt und brachten für mich insofern manche Abwechslung, als ich häufig zu anderen Arbeitsstätten „verlegt" wurde. Die erste Woche vollbrachte ich die gewohnte Arbeit mit Martin, sie fiel mir nicht mehr so schwer, da ich mich gut eingearbeitet hatte. Dreimal während der Schicht kletterte ich zur Hauptstrecke hinauf und zog den Holzteckel mit der Förderhaspel nach oben, um ihn umzuladen. Dreißig Meter etwa hatten wir noch auszubauen, dann mußte der Gang auf einen Querschlag der 6. Sohle stoßen.

Nach einer Woche verlegte man mich in die 6. Sohle, ich erhielt die Aufgabe, mit einem Kumpel in einem Seitenschlag eine kurze Strecke zu verzimmern. In dieser Strecke standen alte, halbverfaulte Stempel, die zum Teil das Gewicht der Decke nicht mehr zu tragen vermochten; wir sollten nun alle diese alten Stempel durch neue ersetzen und ebenfalls den ganzen Verbau erneuern. Mit meinem Arbeitsgenossen, einem langen, stillen Menschen – er stammte aus Pommern –, kam ich sehr gut aus. Er erzählte von seiner Heimat und seiner Familie, politische Fragen berührten wir nie.

Die Arbeit strengte körperlich nicht an, Geröll und Steine brauchten nicht beseitigt zu werden, eigentlich hatten wir nur „Hölzer" heraufzuschleppen, das Holz zu sägen und zurechtzustutzen, dann die neuen Stempel und den Verbau zu setzen und schließlich das alte Holz herauszureißen. Doch war diese Beschäftigung nicht ungefährlich, da die ganze Decke sich in einem gelockerten Zustand befand und ständig Brüche herunterkamen. Vierzehn Tage arbeiteten wir so – dann lag die Strecke in Ordnung. Mein Kumpel ging an seine alte Arbeitsstätte als Hauer zurück, ich mußte aushilfsweise für einen Erkrankten als Schachtarbeiter auf der 5. Sohle einspringen.

Hier am Schacht arbeiteten zwölf Mann unter der Leitung des „Schachtmeisters", eines älteren Bergmannes. Die gefüllten Kohlenwagen, die von der Maschine bis zum Schacht gebracht wurden, mußten in die Förderkörbe verladen werden. Hatte die Maschine einen Zug von Wagen herangeholt, hängte sie ab und fuhr sofort wieder nach hinten, um neue zu holen. An den letzten, äußeren Wagen hakte man ein Seil an, und mit der Haspel wurden die Wagen auf die breiten Eisenplatten gezogen, die die ganze Fläche vor dem Schacht bedeckten und sich leicht zum Schacht zu senkten. Die Wagen hatte der Maschinist und sein Gehilfe natürlich schon vordem abgekoppelt, und jedesmal, wenn einer aus den Schienen auf die Platte sprang, wurde er von der verteilten Mannschaft weitergeschoben, bis er schließlich in einen Satz des Förderkorbes rollte.

Direkt am Eingang des Korbes standen zwei Leute, die die Fallgitter der einzelnen Sätze auf und nieder zu ziehen hatten, und einer von ihnen, der „Anschläger", gab das Klingelzeichen zur Auffahrt, wenn der Korb gefüllt war. In jeden Satz paßten zwei Wagen, so daß ein Korb im ganzen acht Wagen tragen konnte. Kaum sauste der gefüllte Korb in die Höhe, traf der andere leere ein und die Verladung wurde fortgesetzt.

Die Arbeit am Schacht hatte manche Annehmlichkeit: hier herrschte frischere und klarere Luft als hinten – wir zogen niemals unsere Hemden und Jacken aus –, große elektrische Lampen an der hochgewölbten Lage erleuchteten den Raum taghell, dann durften die Schachtarbeiter als erste am Schichtende ausfahren, noch ehe die eigentliche Verladung begann –, andererseits war die Arbeit schwer, die gefüllten

Wagen zu schieben verursachte große Anstrengung, der Rost fraß sich tief in die Hände, wir mußten scharf aufpassen, um nicht zwischen den Wagen zerquetscht zu werden. Von allen Seiten rollte und rasselte es, ein unerträglicher Lärm erfüllte fortwährend den Raum, während der ganzen Schicht gab es fast keine Ruhepause. Die Schachtarbeiter galten nicht als volle Bergleute, diese blickten auf sie mit einer gewissen Verachtung – wie die Frontsoldaten auf die „Etappenschweine". Meist arbeiteten hier Halbwüchslinge.

Zwei Gestalten fielen unter den Schachtarbeitern besonders auf: ein Pole, der zwei, höchstens dreimal in der Woche zur Arbeit erschien – an den anderen Tagen hatte er einen zu großen Rausch –, und ein alter Kerl, der von allen „Spinne" genannt wurde. Er war klein, vertrocknet, bucklig und hatte auffallend dürre und lange Arme und Beine; sah man ihn von weitem gehen in seiner eiligen, wankenden Art, wirkte er wie eine unheimlich große, graue Kreuzspinne! Diese beiden bildeten die Zielscheibe des Hohnes und Spottes. Die „Spinne" antwortete gewöhnlich überhaupt nicht, sondern spie nur aus, der Pole verhielt sich auch stets schweigsam – er war ein weicher, träumerischer Mensch, der dem Alkohol vollständig verfallen schien.

In den zehn Tagen, die ich am Schacht tätig war, erlebten wir häufig, wie Verletzte hinauf transportiert wurden, Sanitäter trugen sie auf Tragbahren. Meistens handelte es sich um Arm- und Beinzerschmetterungen. Einmal trug man einen toten Bergmann an uns vorbei; die ganze eine Seite des Schädels hatten herabstürzende Steine zerdrückt!

Am zweiten Tag, kurz vor Schichtende, entstand ein Unglück: ein gefüllter Förderkorb, der gerade in die Höhe fuhr, riß sich vom Seil los und stürzte in die Tiefe. Wir sahen, wie etwas Schwarzes, Großes pfeilschnell an der Schachtöffnung heruntersauste – einige Sekunden später dröhnte ein fürchterlicher Knall, Bersten und Brechen! Es gab einen so gewaltigen Ruck, daß wir taumelten und glaubten, das ganze Bergwerk breche zusammen. Glücklicherweise verunglückte kein Mensch, der Korb war nur mit Wagen beladen; wäre der Seilriß eine halbe Stunde später geschehen – 50 Menschen hätten in Atome zerfetzt ihren Tod gefunden! Solche Seilunglücke sind nicht selten im Bergbau, trotz der strengen täglichen Kontrolle des Förderseils und einer Fangvorrichtung unter dem Korbe, die automatisch beim Sturz in Wirksamkeit treten soll, aber doch sehr häufig versagt.

Als der Schachtarbeiter, für den ich eingesprungen war, wieder gesund erschien, bekam ich Arbeit bei einem Verhauer wieder in der 6. Sohle zugewiesen. Auch hier mußte eine Strecke, die Querschläge der 5. und 6. Sohle verband, ausgebaut und instandgesetzt werden, doch war die Art der Arbeit eine andere, als ich sie bisher beim Verzimmern angewandt hatte. Das „Hangende" (Decke) hatte sich im Laufe der Zeit so tief gesenkt, daß große Steinblöcke den halben Raum ausfüllten und den Durchgang versperrten. Die Steinstücke konnten nur durch Sprengung herabgeholt werden, und so bestand unsere Tätigkeit aus dem Bohren der Schießlöcher, der Sprengung und dem Fortschaffen der herabgestürzten Steinmassen.

Zunächst bohrten wir Löcher in die Steinwand, die gesprengt werden sollte, vermittelst dem Bohrhammer oder der Revolverbohrmaschine, welche, durch Preßluft angetrieben, stoßweise Schläge gegen die Bohrstelle führte. Den Bohrhammer hielten wir mit beiden Fäusten fest und rückten die Spitze leicht gegen die Wand. Der Hammer führte in der Minute über zweitausend Stöße aus, jeder Stoß übertrug sich auf unseren Körper, ähnlich wie bei einem Elektrisierapparat der elektrische Strom durch den Körper zieht. Da die Gewalt der Stöße sehr groß war und ihre rasche Folge, das fortgesetzte Rütteln und Stoßen, den Körper ungeheuer erschütterte, wirkte diese Arbeit zerrüttend auf das Nervensystem. Nervenerkrankungen der Bergleute (zum Beispiel Schüttellähmung) rühren häufig von dieser Tätigkeit mit den Bohrhämmern her. Betäubend wirkte das maschinengewehrgleiche Knattern des Bohrers; Steinfetzen und Staub wirbelten in die Augen. Das Bohren der vier bis fünf Löcher nahm schon fast die ganze Schicht in Anspruch.

Am nächsten Morgen wurde sofort der Schießmeister unseres Reviers bestellt, der als einziger das Recht hat, Sprengungen vorzunehmen. Er steckte zwei bis drei Dynamitpatronen in die Löcher und brannte die Zündschnur an. Wir verkrochen uns irgendwo, möglichst weit entfernt, in eine Ecke. Nach kurzen Augenblicken erfolgte dann die Detonation – ein fürchterlicher, unheimlicher, dumpfer Knall, weit lauter als ein Kanonenschlag, die engen Wände von allen Seiten hielten die Schallwellen zusammen.

Erst eine gute Zeit später, nachdem der erstickende Dunst sich verzogen hatte, gingen wir zur Sprengstelle zurück und brachten die noch hängenden lockeren Steine durch Klopfen zu Fall. Eine ungeheure Masse von kleineren und größeren Steinblöcken lag vor uns, und nun begann die eigentliche Arbeit des Fortschaffens. Die Blöcke rollten wir gemeinsam oder einzeln zu beiden Seiten der Strecke, wo die Steine aufgestapelt wurden zum „Bergversatz". Erst nachdem wir die Steinmassen beseitigt hatten, konnte der Verbau gesetzt werden. Unsere Arbeit war sehr gefährlich und namenlos anstrengend. Ständig stürzten große Steine von der Decke nieder. Das Heben der Steine fiel mir außerordentlich schwer, besonders mußte darauf geachtet werden, daß die Hände nicht zerquetscht wurden. Nach so einer Schicht brannte alles an mir, der ganze Körper war von Striemen und Rissen bedeckt, scharfe Steinkanten und -fetzen hatten tief eingeschnitten.

Mein Kumpel, ein Tschechoslowake, alt, klein, verwittert, sprach nur gebrochen Deutsch. Beim Buttern verhielt er sich meist schweigsam, doch einige Male sprach er über Bakunin, dessen Werke er tatsächlich gelesen hatte, und bekannte sich zum Anarchismus.

In diesen Tagen wurde ich einige Male aushilfsweise vor die Kohle gelegt, doch nie längere Zeit, das meiste: drei Schichten hintereinander. Obgleich die Arbeit an der Kohle nicht immer so schwer war wie damals in der Schüttelrutsche, gehörte sie doch unbedingt zu der anstrengendsten im Bergbau überhaupt, und jedesmal nach so einer „Kohlenschicht“ fühlte ich mich halbtot und verschlief den Rest des Tages, unfähig noch ein Glied zu rühren.

Gegen Ende Oktober verlegte man mich wieder; diesmal sollte ich einen Bremser, der ständig Nachtschicht hatte, für eine Woche ablösen. Die Nachtschicht dauerte von elf Uhr abends bis sechs Uhr morgens, in ihr geschahen nur die wichtigsten, unmittelbar zur Kohlengewinnung dienenden Arbeiten; Verbauen der Strecke und ähnliches fielen fort. Daher fuhren verhältnismäßig nur wenige Bergleute zur Nachtschicht ein: zwei Förderkörbe faßten die ganze Belegschaft der 6. Sohle.

Meine Förderhaspel lag einen Kilometer hinter dem Schacht. Die Arbeit war sehr leicht. Die Bedienung der Maschine hatte ich ja schon lange auf der 5. Sohle gelernt. Ich saß hinter der Bremse, die in die Seitenwand eingebaut war, in der Bremskammer, die Grubenlampe neben mir in einen Holzstapel gesteckt, außerdem hing eine zweite Lampe, die mir als Bremser zustand, an einem Querholz vor der Öffnung der Bremsstrecke, die Schienen beleuchtend. Jedesmal, sobald das Aufzieh-Zeichen ertönte – durch Ziehen wurden Blechplatten aneinander geschlagen – kurbelte ich die Maschine durch das Drehen des Rades an und zog den gefüllten Wagen hoch, dann kuppelte ich ihn ab, schob ihn in das Hauptgeleis und hängte einen leeren Wagen wieder an das Seil, schob ihn auf die Schienen der Bremsstrecke und ließ ihn langsam, ständig bremsend, nach unten. Ich hatte im ganzen drei „Kohlenörter“ – die von dieser Querstrecke abbogen – zu bedienen, jeder „Ort“ lieferte zwölf Wagen während der Schicht, ich hatte also sechsunddreißig Wagen während der ganzen Schicht heraufzuziehen, durchschnittlich sechs Wagen während der Stunde.

Ich hatte eine sehr angenehme Tätigkeit, ohne körperliche Anstrengung und Hast. Häufig konnte ich eine halbe Stunde warten, bis das Aufzieh-Zeichen erklang, dann mußten mehrere Wagen dicht hintereinander gezogen werden. Ich hatte also viel Zeit zum Erholen. Eine körperliche Wohligkeit ergriff mich, die große Stille, die warme Luft brachten mich in eine träumerische, grüblerische Stimmung. Die ersten Stunden vergingen schnell und behaglich.

Gegen eins kontrollierte der Nachtsteiger. Von zwei Uhr ab aber fühlte ich, wie meine Kräfte mich langsam verließen. Eine bleierne Müdigkeit senkte sich auf mich, krampfhaft suchte ich die Augenlider aufzuhalten. Die Grabesstille, nur durch das ferne Pochen der Bergleute gestört, die feuchte, heiße, dumpfe und schwüle Luft, die mich umspülte, der matte Schimmer der Lampe, die späte Nachtstunde – alles dies wirkte grenzenlos einschläfernd. Wenn das Blechgeräusch des Signals erschallte, fuhr ich aus dem Halbschlaf empor und tat mechanisch meine Arbeit. Gegen drei kam die Maschine und holte die vollen Wagen zum Schacht.

Die letzten Stunden verlebte ich im Traumzustand. Ich sah durch Nebel blasse Formen ohne Sinn, fühlte kaum noch Boden unter mir. Als wieder das Zeichen ertönte, mußte ich meine ganze Energie zusammenreißen, um die Maschine in Gang zu setzen. Dann ging ich ständig auf und ab, um nicht vom Schlaf übermannt zu werden. Endlich, endlich – nie ist mir eine Schicht so lang erschienen – zeigte die Uhr halb sechs, und der letzte Wagen hing an meinem Seil! Die Hauer kamen allmählich herausgekrochen, bleich und übernächtigt, und wir gingen zusammen alle matt und wankend zum Schacht. Als wir über Tag aus dem Förderkorb stiegen, sahen wir die langen, wartenden Reihen der Morgenschichtler. Geistesabwesend wusch ich mich und kleidete mich um. Im Ledigenheim trank ich etwas heißen Kaffee, aß hungrig einige Brotscheiben mit Schmalz, dann sank ich todmüde auf mein Lager.

Zum Mittag stand ich auf, ohne das Gefühl des Ausgeschlafenseins. Den Nachmittag verbrachte ich draußen. Den ganzen Tag hielt die müde, zerschlagene Stimmung an, selbst zu lesen vermochte ich nicht.

In derselben Weise vergingen die nächsten Tage. Diese Nachtarbeit zehrte an meinen Kräften, ich fühlte mich täglich schwächer und widerstandsloser. Es war ja nicht die Arbeit als Bremser – die leichteste wohl, die es im Bergbau gibt –, sondern das Durchwachen der Nächte in dieser heißen, feuchten Luft, der Mangel an Schlaf – am Tage herrschte solcher Lärm im Ledigenheim, daß an ein wirkliches Ruhen nicht zu denken war –, was mir so schwer fiel. Wie oft hatte ich früher im Felde als Posten oder Wachthabender die Nächte durchwacht, ohne Schwierigkeiten – dieses hier aber war etwas ganz anderes. Es ist ein Unterschied, im freien oder hellen Raum zu wachen oder bei dreißig Grad Hitze, umgeben von feuchten Dünsten und Totenstille!

Nach der siebenten Nachtschicht wurde ich wieder, zu meiner großen Freude, auf die 5. Sohle zur alten Arbeitsstelle bei Martin verlegt. Martin saß fett und behäbig auf der Kiste vor der Bremse, als ich wieder zum ersten Mal hier erschien, und erzählte mir sofort eine große Neuigkeit … er hatte seine Frau verjagt!

„Das kam so: meine Alte ist ein bißchen verdreht, so’n frommes Luder mit allerhand Mist im Kopf, Bibel- und Betsprüchen. Na, mir kann’s ja schließlich scheißegal sein, was so’n Weibsstück im Kopf rumspukt, wenn sie mir nur was Anständiges zum Fressen gibt und den Haushalt führt. Aber nu hat sie neulich ein neuer Modefimmel gepackt: die ‚Ernsten Bibelforscher'! Diese verdammten Brüder haben ihr in den Ohren gelegen und ihr eingeheizt, daß ihr kotzübel geworden ist, und da wollte die verfluchte Alte auch unbedingt zu den Ernsten Bibelforschern übertreten. Das war mir zu bunt. Ich hab sie angeschrien und hab gesagt: du bist katholisch, hab ich gesagt, und hast es zu bleiben! Sonst kann mir ja dieser ganze Mist egal sein, aber dieses Herumgetue mit den verdammten Hunden, den Bibelforschern, habe ich satt! Von diesen Kerls kommt mir keiner mehr über die Schwelle! Ich hab ihr die Flugblätter und Schriften, die ihr zugesteckt waren, fortgenommen und in den Ofen geschmissen. Na, meine Alte hat ein bißchen geplärrt, und damit war's gut. Nach einigen Tagen, als ich von der Schicht nach Hause komme, sitzt wieder so'n Hund von Bibelforscher bei meiner Alten! Da hab ich den Burschen genommen und die Treppe heruntergeworfen und einen Mordskrach geschlagen! Am nächsten Tag war meine Alte verschwunden. 'n Zettel lag da: ‚Ich kann in einem so gottlosen Haus nicht länger bleiben!' oder so'n ähnlicher Quatsch stand drauf. Junge, Junge, ich sage dir, das war 'n Spaß! Jeden Tag, wenn ich abgeschuftet von der Schicht kam, nichts zum Fressen im Hause! Alles mußte ich selbst machen: Einkaufen, Kochen und so weiter. Verdammt, verdammt! Na, und gestern erscheint auf einmal am Abend das alte Schwein wieder und sagt, daß sie es bereue und wieder ins Haus möchte und so. Aber da bin ich teufelswild geworden und hab geschrien, wenn sie einmal fortgelaufen sei, könnte sie auch draußen bleiben, und habe sie einfach vor die Tür gesetzt!" – „Und was wird nun weiter," fragte ich, „wer sorgt denn jetzt für dein Fressen?" – „Das ist es ja," murmelte Martin und kratzte sich die Glatze, „ein neues Weibsstück kann ich doch nicht ins Haus nehmen!

Is eben 'ne ganz verfluchte Sache, Gott verdamm mich!" Nach einigen Tagen nahm Martin seine Frau wieder auf, als sie zum zweiten Mal vorsprach. Stärker schließlich als jede prinzipielle Erwägung bleibt das Knurren im Magen. –

In ihrer dumpfen grauen Eintönigkeit verstrichen die Arbeitstage, Lichtblicke bildeten für mich die Diskussionsabende bei Heinrich, die ich nun regelmäßig besuchte und die in ähnlicher Weise wie das erste Mal verliefen.

Die allgemeine Not wuchs ins Unermeßliche! Der Wert der Mark hatte einen Tiefstand erreicht, der nicht mehr überboten werden konnte. Wir erhielten Billionenlöhne, mit denen wir kaum das notwendigste zum alltäglichen Bedarf erstehen konnten. Ein Brot kostete eineinhalb Billionen Mark! Die Erbitterung in der Arbeiterschaft nahm drohende Formen an. Aus allen Städten des Ruhrgebietes wurden Plünderungen von Lebensmittelgeschäften gemeldet. Die Arbeitslosigkeit stieg von Tag zu Tag, man hörte überall von Zechenschließungen und Entlassung der Bergleute. Vorläufig hielt sich Thyssen noch, doch wie lange?

Neue Erregung weckte die Separatistenbewegung, die im Rheinland um sich griff, von den Franzosen offensichtlich unterstützt. Doch stand die Arbeiterschaft geschlossen gegen die Bewegung, die von mittelständisch-bürgerlicher Seite – die Führenden: hauptsächlich Kaufleute, die eine wirtschaftliche Verbesserung der Zustände erhofften – ausging und als Ziel die Bildung eines selbstständigen Rheinstaates unter der Protektion Frankreichs hatte. Besonders von kommunistischer Seite wurden Flugblätter und Aufrufe verteilt, die zum rücksichtslosesten Kampf gegen das „Separatistengesindel" aufforderten. Man konnte hier tatsächlich von einer Einheitsfront von den Völkischen bis zu den Kommunisten reden. Der größte Teil der Bevölkerung jedenfalls stand diesen Loslösungsbestrebungen in offener Feindschaft gegenüber.

Düster und unsicher lag die nächste Zukunft vor uns, das drohende Gespenst der Arbeitslosigkeit, Hungersnot erschien greifbar nahe – so mußte Menschen zumute sein, die auf dem Vulkan stehen, der ständig ausbrechen kann!

Arbeitslos

Eines Morgens, als ich die Zechenhalle betrat, sah ich eine dichte Menge drängen und schieben vor großen Plakaten an den Wänden. Ich hörte Verwünschungen, Ausrufe des Unwillens, ein Getöse von aufgeregten Stimmen. Schließlich gelang es mir, mich durchdrückend, einen Blick auf einen Zettel zu werfen. Es war eine Bekanntgabe der Zechenleitung, in der erklärt wurde, daß auf Grund der Micumverträge, die zwischen den deutschen Großindustriellen und den Franzosen geschlossen waren, wiederum Reparationskohle nach Frankreich geliefert würde. Da aber die Bedingungen schwer seien, könnte die bisherige Arbeitszeit nicht eingehalten werden, von heute ab gelte die Achtstundenschicht unter Tag. Die Löhne könnten nicht erhöht werden …

Das war in der Tat ungeheuerlich! Der Staat hielt noch am passiven Widerstand fest, und hier wurde von einer Gruppe Kapitalisten dieser passive Widerstand glatt sabotiert! Man hatte auf eigene Faust Verträge mit den Franzosen geschlossen, ohne sich um die Wünsche des Staates zu kümmern, verlangte plötzlich von den Arbeitern, Überstunden zu fahren, damit die Reparationskohle abgeführt werden konnte, und dieses alles in einer Zeit, wo man täglich aufs neue verkündete: „Den Franzosen keine Kohle!" Wie mußte dies Verhalten auf die Arbeiterschaft wirken?

Unten am Schacht machte sich unter den Bergleuten größte Erregung bemerkbar. Von allen Seiten tönten laut Schimpfworte. Ich traf Heinrich ebenfalls in gereizter Stimmung. Wir gingen gemeinsam zur Arbeitsstätte. „Siehst du, Alex, da hast du das Nationalgefühl unserer Kapitalisten! Das können sie nur so lange brauchen, als Geschäfte zu machen sind. Wer waren denn die größten Schreier für den passiven Widerstand? Dieselben Kapitalisten, die jetzt diesen Widerstand brechen, um bessere Geschäfte machen zu können, ja selbst gegen den Willen der Regierung. Aber darauf pfeifen sie, Geschäft ist Geschäft! Wer hat uns jeden Tag vorgeschwatzt von der Ehrenpflicht eines jeden Deutschen, den Franzosen nichts zu liefern, mit allen friedlichen Mitteln zu kämpfen? Dieselben Hunde, die von uns kurzerhand verlangen, Überschichten ohne Lohn für die Franzosen zu machen! Und da sollen die Proleten Vaterlandsgefühl haben, wo die Führer, die Besitzenden, für ihren Geldsack jeden Verrat begehen, ohne daß ihnen ein Haar gekrümmt wird!“

„Natürlich werden die Bergleute auf diese neuen Bedingungen nicht eingehen?“ fragte ich.

„Nein, selbstverständlich nicht! Kein Prolet wird sich finden, der diese Schurkerei mitmacht. Wir halten an der Siebenstundenschicht fest, eins der wenigen Rechte, die die Bergleute durch die Revolution errungen haben. Wir halten an dem passiven Widerstand fest und schaffen keine Kohle für die Franzosen, nicht weil wir für das ‚Vaterland‘ kämpfen, sondern weil wir als Proletarier keine Interessen daran haben, französische Kapitalisten zu unterstützen – denn diese sind es allein, die etwas davon profitieren, nicht das französische Volk! Wir fahren um dieselbe Zeit aus wie immer!“

„Welche Folgen wird denn dieser Widerstand der Arbeiter haben?“

„Welche Folgen? Ich kann sie dir jetzt schon an den Fingern abzählen! Die Kapitalisten haben gemeine und raffinierte Mittel genug, um ihren Willen durchzusetzen! Thyssen wird sofort die ganze Bude zuschließen und die Belegschaft vorläufig entlassen. ‚Aussperrung‘ nennt man das! Nach außen hin wird es heißen: wegen der schweren wirtschaftlichen Lage lassen sich die Betriebe nicht aufrechterhalten. Wir bekommen dann Arbeitslosenunterstützung? Weißt du, was das heißt? Zu wenig um zu leben, zu viel um zu sterben! So werden die Proleten in eine Hungerkur genommen, bis sie kaum mehr jappen können. Wenn dann die Masse genügend mürbe gemacht ist, werden die Betriebe wieder geöffnet, doch unter neuen Bedingungen: Achtstundenschicht, Mehrleistung, Lohnabzug! Und die Proleten, ausgehungert und widerstandslos, sagen zu allem Ja und Amen, gehen auf alles ein, um nicht ganz zu verrecken. Damit haben's die Kapitalisten geschafft! Was nicht direkt zu erreichen ist, läßt sich indirekt erreichen! Paß auf. Genau so kommt es!"

Um halb eins hörten wir mit der Arbeit auf, und um Punkt eins stand wie immer die ganze Belegschaft am Schacht, zur Auffahrt bereit. Wohl oder übel mußte man uns heraufschaffen, kein Arbeiter hätte mehr einen Spatenstich getan! Überall in allen Zechen der Gewerkschaft Thyssen hatte man den Siebenstundentag eingehalten.

Im Ledigenheim standen die Arbeiter in aufgeregten Gruppen beisammen. Die Bekanntmachung bildete das Tagesgespräch. Am Nachmittag sahen wir große Demonstrationszüge von Bergleuten durch die Straßen ziehen. Rote Fahnen und Plakate wurde getragen, man las Aufschriften wie: „Es lebe der passive Widerstand!" … „Nieder mit den Franzosenknechten, den deutschen Kapitalisten!" … „Die Siebenstundenschicht bleibt!" In dichten Gruppen standen Volksredner und forderten entschiedenen Kampf gegen die neuen Bedingungen und Fortsetzung des passiven Widerstandes. So verging der Tag in wilder Erregung und Erbitterung.

Am nächsten Morgen waren die Zechentore geschlossen! Große Plakate erklärten, daß die schwierige Notlage der Wirtschaft die Industrie zwänge, vorläufig die Zechen zu schließen. Unter den bisherigen Bedingungen: Siebenstundenschicht usw., ließe sich der Betrieb nicht mehr durchführen. Man würde vorläufig noch zwei Schichten in der Woche einlegen. Die Belegschaft sei bis auf weiteres entlassen und der Arbeitslosenunterstützung zugeführt ... Empörung, Wut, geballte Fäuste in der Masse, die sich um die Umzäunung drängte! Langsam verzog sich die Menge.

In dieser Woche arbeiteten wir zwei Schichten, in der folgenden nur eine, dann wurden die Zechen endgültig geschlossen, die gesamte Belegschaft von Thyssen war ausgesperrt!

Arbeitslos – nie hatte ich früher geahnt, was das bedeutet! Ich hatte wohl gedacht, daß die Arbeitslosigkeit ein sehr unangenehmes Übel sei, doch schließlich ein erträgliches, da man Unterstützung erhielt und leben konnte, wenn auch vielleicht sehr eingeschränkt. Nun erst erfuhr ich am eigenen Leibe die Furchtbarkeit eines solchen Aussperrens. Diese Zeit der Arbeitslosigkeit wurde zu meinem schwersten Erlebnis im Ruhrgebiet!

Wir erhielten Unterstützung, aber was für eine! Wöchentlich einmal, in bestimmten Lokalen, fand die Auszahlung statt. Wir als Insassen des Ledigenheimes erhielten, da wir Mittag- und Abendessen geliefert bekamen, zwei und eine halbe Billion für die Woche. Ein Brot kostete eineinhalb Billionen, für die übrige Billion konnten wir uns grade etwas Aufstrich, Marmelade oder ähnliches erstehen. Das wäre zu ertragen gewesen, wenn das Essen im Ledigenheim gesättigt hätte. Mittags gab es wie damals beim Streik kein Fleisch, sondern nur einen Haufen halbverfaulter Kartoffeln mit üblem süßlichen Nachgeschmack und dazu etwas Kohl. Abends eine wässrige Suppe, die wir wie Wasser heruntergossen, ohne das geringste Gefühl des Sattseins zu spüren! Vier, fünf Tage mit dieser Kost, und wir empfanden ein ewiges Hungergefühl, ein Brennen in den Eingeweiden! Das Brot, das wir sofort kauften, reichte kaum eine halbe Woche, die andere Hälfte mußte brotlos ertragen werden.

Trostlos verlief der Tag. Die Vormittage versuchten wir mit Schlaf totzuschlagen, da um diese Zeit sich der Hunger besonders bemerkbar machte. Da Gardinen nicht vorhanden waren, nagelten wir Decken vor die Fenster, um das Tageslicht abzuhalten. Diese Vormittage im Bett bildeten eine körperliche Qual. Man wachte früh auf und suchte krampfhaft weiterzuschlafen, nur um die Leere im Magen nicht zu spüren. Um zwölf erhoben wir uns, matt und unwohl, und aßen gierig unsere schlechten Kartoffeln. Für einen Augenblick schien der Magen gefüllt, doch schon um fünf brannte der Hunger wieder. Die Nachmittage schlenderten wir durch die Straßen, ohne Sinn und Verstand, immer etwas erwartend. Lesen konnte ich nicht, die Buchstaben tanzten vor den Augen. Abends um sieben löffelten wir die Wassersuppe, die uns auch nicht einen Augenblick die Illusion gab, satt zu sein! Die Abende saßen wir stumpfsinnig zusammen, einige spielten Karten, alle durchdrungen vom Gefühl völliger Zwecklosigkeit.

Beschäftigungslos zu sein, wochenlang, monatelang, ist grauenhaft, am grauenhaftesten aber die Unmöglichkeit, sich mit geistigen Dingen zu befassen, nicht lesen, nicht schreiben zu können aus einem endlosen Hungergefühl!

Mit Sehnsucht erwarteten wir den Tag der Auszahlung der Erwerbslosenunterstützung. Am vorgehenden Tag wurde bereits durch Anschlag Treffpunkt und Zeit verkündet. Für die Belegschaft des Reviers 12 kam gewöhnlich das Geld in einem kleinen Gasthaus, eine halbe Stunde vom Ledigenheim, zur Auszahlung. Sehr früh standen wir auf, um möglichst als erster dranzukommen. In einer riesenlangen Kette von Arbeitern warteten wir auf das Geld. Meist wurde sehr unpünktlich gezahlt. Um zehn oder elf hatte man die Stunde angesagt, um drei oder vier erhielten wir erst unseren Teil ausbezahlt. Wir zeigten unsere Zechenausweise und erhielten die wertlosen Billionenscheine in die Hand gedrückt. Ich stürzte darauf sofort zu einem Bäcker, um ein Brot zu erstehen. Im Ledigenheim angelangt, aßen alle gierig darauflos. Es gab einige, die ihr ganzes Brot auf einmal verschlangen und später erbrechen mußten, andere wieder versoffen ihr ganzes Geld, um für Stunden aus dem Elend heraus zu flüchten! Ich vertilgte gewöhnlich ein halbes Brot, um wenigstens einen Tag in der Woche den Zustand des Sattseins bewußt zu genießen. Dann verlief wieder eine Woche in stumpfer Dumpfheit.

In diese Zeit fiel die Aufgabe des passiven Widerstandes durch die deutsche Regierung. Sie mußte ihn abbrechen, da die ungeheuren unproduktiven Summen, die dieser Widerstand verschlang, vom Staate nicht mehr getragen werden konnten; die Wirtschaft, der Staat, alles wäre endgültig zusammengebrochen. Die Mark konnte erst dadurch stabilisiert werden: die Rentenmark wurde geschaffen, und statt Billionenscheinen erhielten wir nun Mark ausbezahlt. Die Not der Arbeitslosen verbesserte sich zunächst dadurch nicht, da die Teuerung im Ruhrgebiet weiter anhielt, immerhin lag in der Wertbeständigkeit des neuen Geldes ein großer Segen: das Geld zerfloß nicht zwischen den Händen, die Preise änderten sich nicht, am dritten, vierten Tag erhielt man die gleichen Lebensmittel für dasselbe Geld, wie am ersten Tag.

Durch die allgemeine Geldknappheit und die Auswirkung der Belastung, die der Ruhrwiderstand der Wirtschaft auferlegt hatte, entstand als erste Folge eine ungeheure Wirtschaftskrise, die die Großindustriellen zwang, den größten Teil der Betriebe zu sperren. Durch die Methoden aber, die die Kapitalisten der Arbeiterschaft gegenüber anwandten, die brüske Art, alte Abmachungen, wie zum Beispiel den Siebenstundentag, zu brechen, die Verhandlungen mit den Franzosen vor (!!) dem Abbruch des passiven Widerstandes usw., mußte naturgemäß im Proletariat eine ganz andere Meinung über die Lage entstehen. Die Arbeiter sahen in der Aussperrung nichts weiter – und durch die Umstände mußte diese Bild entstehen – als ein gemeines Mittel der Kapitalisten, die Arbeiter durch Aushungern auf die Knie zu zwingen, um sie für die Achtstundenschicht und Mehrleistung gefügig zu machen. An eine Wirtschaftskrise, an Geldmangel beim Kapital glaubten sie einfach nicht. „Das ist alles nur das Aushängeschild nach außen," hieß es dann, „ein schlaues Mittel, um das eigentliche Ziel zu verbergen: Niederwerfung des Widerstandes des Proletariats durch Hunger und Entbehrung!"

Vier Wochen vergingen auf diese schleichende, tödliche Weise ... vier Wochen ohne Arbeit, ohne Sinn! Wahrlich, die schwerste Arbeit unter Tag schien mir erträglicher als dieses Dahindämmern ohne eigentliches Lebensbewußtsein. Täglich fühlte ich meine Glieder matter werden, kaum konnte ich richtig gehen, stets umfing mich Müdigkeit, doch eine Müdigkeit, die einen Schlaf nicht zuließ. So ging es allen im Ledigenheim: wie graue Gespenster wankten wir umher.

So sehr die „Ledigen" auch unter der Arbeitslosigkeit litten – es war nichts im Vergleich zu der Not der verheirateten Arbeiter. Hier herrschte geradezu ein Elend, das zum Himmel schrie! Gewiß erhielten die Verheirateten eine größere Unterstützung als wir, aber bei der Größe der meisten Familien reichte sie nicht annähernd aus, das Nötigste zum Leben zu kaufen. Einige Familien hatte noch Vorräte, die jedoch sehr bald aufgezehrt wurden – der größte Teil aber war nur auf die Erwerbslosenunterstützung angewiesen. Man hörte furchtbare Dinge: von Selbstmorden ganzer Familien, von Kindern, die durch Unterernährung erkrankt und gestorben seien!

An einem Nachmittage gingen wir, meine Stubengenossen, Arbeiter aus anderen Baracken und ich, wie gewöhnlich wahllos durch die Straßen Hamborns. Überall begegneten uns die Arbeitslosen, Hände in den Taschen, mit stumpfen, hohlen Gesichtern, immer in Erwartung auf irgend etwas. Frauen kamen an uns vorüber im verwahrlosten Zustand, mit gelben, eingefallenen Wangen und trostlosen Augen. Kinder sahen wir, weiß wie Leichen und von unnatürlicher Magerkeit.

Vor einem Lebensmittelgeschäft – die meisten anderen Geschäfte hatten eiserne Läden vorgeschoben – drängten sich Männer und Frauen. In der Auslage leuchtete Butter, Wurst, Brot, Käse. Gierige Blicke trafen die unerschwinglichen Köstlichkeiten. Plötzlich flog ein großer Stein durch die Luft, mitten in die Scheibe hinein. Klirren, Krachen – ein Brüllen vieler Stimmen ... Fäuste schlugen die Reste des Fensters zusammen, Menschen stürzten in die Auslage hinein! Brote, Würste, Butterstücke, Töpfe mit Schmalz flogen umher, von der heulenden Menge aufgefangen. Ein Balgen, Kämpfen, Prügeln entstand um die einzelnen Stükke, aus dem dumpfen Fluchen und Brüllen der Männer klang schrilles, hysterisches Gekreisch von Weibern. Männer, Weiber, Kinder wühlten sich auf dem Pflaster, Tieren gleich, bissen, kratzten, ohrfeigten sich, um einen Happen zu erwischen.

Ein altes Mütterlein mit grauen Haarfetzen, die im Winde flogen, drängte sich dicht an mir vorbei und griff mit zitternden Händen nach einem großen Stück Butter, das in einer Pfütze lag. Sie rannte davon, die Butter fest in die Hände geklemmt. Doch die Butter schmolz, floß ihr zwischen den Fingern auf den Boden. Eine Strecke lief sie noch, dann blieb sie stehen, starrte auf die Hände, die leer waren, fassungslos – dann brach die kleine alte Frau in Tränen aus, schluchzte wie ein Kind!

Auf einmal tönten Pfiffe – Polizei! Gummiknüppel sausten durch die Luft, Schreien, Laufen, Kommandorufe – ein paar Sekunden später war die Straße leer! Am Boden lagen zertrampelte Brote, Fleischfetzen, Glasscherben und

Holzsplitter,. Die Grünen hatten die ersten besten Arbeiter, die sie beim Plündern ertappt hatten, verhaftet und stießen sie vor sich her. Es waren zwei alte Bergleute und ein junger Bursche.

Wir schlenderten weiter. In einer anderen Straße fuhr ein geschlossener Bäckerwagen uns langsam entgegen. Plötzlich sprang irgendwo ein Mann auf den Wagen, schlug mit einem harten Gegenstand auf die Außenwand, das Holz splitterte, mehrere Brote kullerten auf die Straße. Von allen Seiten stürzten Menschen hinzu, berstend und krachend brachen die Holzwände auseinander, Hunderte von Armen griffen nach den Broten. Einige Augenblicke nur – und die Straße schien wieder ausgestorben! Vom Wagen stand nur noch das Untergestell mit den Rädern, der Kutscher daneben, laut fluchend: „Das ganze Brot zum Teufel!" Eine Polizeistreife erschien – zu spät! Kaum ein Mensch war weit und breit zu sehen.

Beim Rathaus wurden Flugzettel verteilt: „Große Kundgebung der Arbeitslosen auf dem Platz hinter Marxloh!" Von allen Seiten strömten die Arbeiter diesem Ziele zu. Wir sahen einen riesenhaften geschlossenen Demonstrationszug mit wehenden roten Fahnen und leuchtenden Plakaten. „Gegen das deutsche Kapital und die französischen Bajonette!" … „Wir wollen Brot und Arbeit!" … „Her mit der Einheitsfront aller Werktätigen!" … „Fort mit der Geldsackrepublik, her mit dem Arbeiterstaat!" … „Wir holen uns Brot, wenn ihr uns keins gebt!" … „Nieder mit den Ausbeutern und ihren Knechten!" schrien die grellen Buchstaben über die Masse. Donnernd durchbrauste die Internationale die Luft.

Auf dem großen Felde hinter Marxloh bewegten sich viele Tausende Erwerbsloser. Ich hatte meine Begleiter aus den Augen verloren und stand dicht eingeklemmt unter erregten, schreienden Menschen. Die Köpfe der Redner tauchten überall aus der Menge auf, die Sprecher kletterten auf die Schultern der Arbeiter. Kurz vor mir tauchte das bleiche Gesicht einen jungen Menschen auf. Er redete nicht, sondern schrie wie ein Tier, daß der Speichel aus dem Munde spritzte: „Kumpels, Genossen, wollt ihr vor Hunger verrekken wie die Hunde? Seid ihr so feige Arschlöcher, daß ihr nicht dem Mut habt, selbst euch euer Recht zu schaffen? Wollt ihr warten, bis ihr auf der Straße umsackt? Wir wollen uns holen, was uns zukommt! Schmeißt die Fensterscheiben zusammen, holt euch das Fressen aus den Bürgerläden oder Bürgerhäusern, in denen geschlemmt wird, während wir hier wie die Schweine herumlaufen! Nieder mit jedem, der sich uns in den Weg stellt, ob grüner, blauer oder brauner Kapitalistenknecht! Und wenn sie zehnmal auf uns schießen, lieber krepieren, als hier langsam vor die Hunde gehen!" Von allen Seiten erscholl laute Zustimmung: „So ist's!" … „Richtig!" … „Wir müssen uns selbst Brot holen!" … „Wir wollen uns nichts mehr vorschwatzen lassen, sondern handeln!" …

Ein anderer Redner, ein älterer, ruhiger Mann, ergriff das Wort: „Genossen, laßt euch nicht durch Schwätzer betören! Sie reden im Auftrage des Kapitals, um euch zu Gewalttaten zu reizen. Nehmt euch vor solchen Schreiern in acht! Unsere Beauftragten stehen mit den Kapitalisten in Verhandlungen, um die Arbeitslosenunterstützung zu erhöhen und neue Arbeit zu schaffen. Aber durch sinnlose Taten erreichen wir nichts! Kein Tropfen Arbeiterblut darf unnötig fließen!" … Höhnende Stimmen tönten aus der Masse: „Ordnung und Ruhe! Erzähl das den Bürgern, aber nicht uns Proleten!" … „Ordnung und Ruhe, bis wir verrecken!" … „Wir brauchen keine Ruhe und Verhandlungen, wir wollen Brot!" … „Weg mit dem Bürger- und Kapitalistenknecht!" …

Plötzlich hörte man hinter uns aufgeregte Stimmen und Rufe: „Die Belgier! Die Belgier!" Hinten auf der Landstraße rasselten drei Lastautos, dicht gefüllt mit belgischen Soldaten. Eine wüste Panik brach los. Brüllend, schreiend, kreischend stürzte alles durcheinander. Ich rannte in einer dichten Welle von Menschen, gedrängt, geschoben, getreten, gestoßen. Schüsse knallten, wir sahen ausgeschwärmte Schützenketten über das Feld rennen, doch der Platz war schon geräumt. Fahnenfetzen, Mützen, Stöcke, abgerissene Plakate bedeckten den Boden.

An einer Straßenkreuzung in Marxloh machte ich Halt, um wieder Atem zu schöpfen. Gruppen erregter Arbeiter standen um mich herum. Ich ging auf einen Kiosk zu, um mir eine Zeitung zu kaufen. Hinter mir schallten Kommandorufe und Flüche, abgestumpft drehte ich mich nicht um und legte das Geld auf den Tisch. Im selben Augenblick spürte ich einen dumpfen Schlag auf den Kopf! Ich fuhr herum: ein Polizist stand mit gehobenem Gummiknüppel vor mir, wieder zum Schlag ausholend. „Was fällt Ihnen ein?“ schrie ich – ein zweite Hieb traf meinen Schädel, daß mir blau vor Augen wurde. Nun rannte ich los, sah hinter mir eine Kette Grüner laufen, Gewehre und Gummiknüppel in den Fäusten. Einige Kolbenstöße spürte ich im Rükken, taumelte, kam wieder auf die Beine und rannte irgendwo in einen Hausflur hinein. Die Polizei hatte wohl den Auftrag, die Straße zu säubern und alle Versammlungen zu sprengen. Durch die schmalen Glasscheiben der Tür, hinter der ich stand, sah ich die Masse und die Polizei vorbeifluten. Die Beamten gingen sehr rücksichtslos und brutal vor. Eine alte Frau erhielt einen Schlag auf den Kopf, daß sie zusammenbrach, Kinder und alte Männer, die nicht schnell genug laufen konnten, erhielten ebenfalls wuchtige Hiebe mit dem Gummiknüppel.

Endlich schien es ruhig zu sein, ich wagte mich aus dem Versteck heraus. In den Straßen zeigten sich jetzt nur vereinzelte Menschen. In den Abendstunden traf ich wieder im

Ledigenheim ein, vom vielen Laufen ermattet und kraftlos. Noch im Traum verfolgten mich die Eindrücke des Tages.

Wieder flossen die Tage dahin in Hunger und Elend. Die Zeitungen meldeten aus allen Städten des Rheinlandes, Düsseldorf, Essen, Duisburg, Ruhrort usw. Plünderungen: die ausgehungerte Masse fand kein anderes Mittel mehr, als den Weg der Gewalt! Die Separatistenbewegung hatte unterdessen um sich gegriffen. In Duisburg hatten die Separatisten sich festsetzen können, während in Hamborn der Widerstand der Arbeiterschaft jedes Festsetzen hinderte; kleinere Trupps, die einmarschieren wollten, hatte man einfach mit Knüppeln auseinandergejagt und dabei auch einige totgeschlagen!

In Duisburg hatten die Sonderbündler alle öffentlichen Gebäude besetzt, die Beamten verhaftet und versahen den Straßendienst mit Hilfe der Franzosen. Überall hingen Aufrufe, die die neue „Rheinrepublik" verkündeten und Freiheit und Brot versprachen, jeder Widerstand gegen die „Rheinarmee" würde rücksichtslos niedergeschlagen. Um für die neue „Regierung" Stimmung zu machen, wurden in den ersten Tagen Lebensmittel umsonst verteilt. Doch verhielten sich die Einwohner den neuen Machthabern gegenüber sehr feindselig, und fast jeden Tag kam es zu irgendwelchen Zusammenstößen.

Mit einigen Arbeitern ging ich eines Tages nach Duisburg, um die Separatisten von nahem zu sehen. Wir gingen den Weg zu Fuß, da wir kein Geld hatten, die Elektrische zu bezahlen. In Duisburg herrschte ein gewaltiger Verkehr auf den Straßen wie nie zuvor. In den Straßen drängten sich überall die Soldaten der Rheinarmee. Die Separatisten machten einen gänzlich verwahrlosten Eindruck, sie liefen in zerrissenen Kleidern und schmutzigen Hemden herum, als Kennzeichen eine grün-weiße Binde um den Arm. Bewaffnet waren sie sehr verschieden und unregelmäßig, einige trugen Militärgewehre umgeschnallt, andere nur Revolver oder Gummiknüppel und Stöcke. Am komischsten wirkten die neuen „Polizeibeamten“, die an den Straßenecken standen und mit ängstlichem Gesicht den Verkehr regelten. Sie trugen alte blaue Friedensuniformen mit roten Aufschlägen und Kragen, dazu Sportmützen!

Vor dem Rathause herrschte besonderes Leben, hier lag das Hauptquartier der Separatisten. Ordonnanzen und Boten liefen aus und ein, man sah auch „Offiziere“ in Sportanzügen sich der Menge zeigen. Besonders fielen die überaus zahlreichen Sanitäter auf, die an allen Ecken herumlungerten und auf „Arbeit“ warteten. Die Franzosen, Belgier, Separatisten, die Feuerwehr, die Stadt und die Arbeiterschaft hatten Sanitätskolonnen alarmiert, so daß man für alle Fälle gerüstet war. Auf dem Rathaus flatterte die grün-weiße Separatistenfahne im Wind. Hier unten stand ein dichter Knäuel von Menschen, Bürger, Arbeiter, Separatisten. Man wartete auf irgendeine neue Bekanntgabe.

Wir hatten uns dicht an die Wand eines kleinen Hotels gedrückt und schauten dem Treiben zu. Plötzlich tönte von einer Seite lautes Fluchen, ein Pistolenschuß krachte und nicht allzu weit von uns stürzte ein alter Mann zu Boden. Von allen Seiten sprangen sofort die Sanitäter herbei, Franzosen, Belgier, Deutsche, froh, eine Gelegenheit gefunden zu haben, ihren Dienst zu tun. Der Mann, der schwer verletzt schien, wurde auf eine Bahre gelegt, und im Galopp ging's davon.

Wieder knallten einige Schüsse. Ein wüstes Stimmengetöse schwoll an, drohende Fäuste und Stöcke flogen in die Höhe und eine wilde Keilerei begann. Alles schlug aufeinander los, niemand wußte, wer Freund oder Feind sei, Franzose oder Separatist! Auch wir erhielten Püffe und Stöße. Ich schlug mit meinem Stock nach Leibeskräften um mich, um einen Weg aus diesem Chaos zu finden. Stöcke, Gummiknüppel,

Messer, Lederriemen, Schlüsselbünde fanden als Hieb- und Stoßwaffe Verwendung. Viele brachen zusammen, von wüsten Hieben niedergestreckt. Die Sanitäter sprangen mit ihren Bahren zwischen allen herum – häufig auch Hiebe abkriegend – und schleiften die Verletzten aus dem Schlachtgetümmel. Scharfe französische Kommandorufe ließen sich mit einmal vernehmen, eine Abteilung Franzosen ging ausgeschwärmt in die Masse hinein, Freund und Feind mit dem Gummiknüppel bearbeitend. Nach fünfzehn Minuten war der Platz vor dem Rathaus geräumt, etwa zwölf Verletze zappelten am Boden, die von den Sanitätern eilig aufgehoben wurden.

Wir waren in andere Straßen abgedrängt worden und konnten froh feststellen, daß uns außer einigen blauen Flecken am Körper nichts fehlte. Die Kinos und Cafés standen alle geöffnet, und dasselbe lebhafte Treiben wie früher herrschte hier überall. Trotz der vielen Schießereien in den Straßen, der Plünderungen und Zusammenstöße gingen die Menschen abgestumpft, gleichmütig ihren Vergnügungen nach. Nach zweistündigem Marsch trafen wir abends todmüde im Ledigenheim ein.

Gegen Ende der fünften Woche unserer „Hungerkur" beschloß ich, Heinrich zu besuchen, von dem ich die ganze Zeit nichts gehört hatte. Als ich an der niedrigen Tür in dem Mietshaus klingelte, öffnete Heinrichs Frau – ich war erschüttert über ihr Aussehen! Die Backenknochen traten aus dem gelblich-weißen Gesicht weit hervor, breite, schwarze Ränder lagen unter den Augen, die matt und farblos glänzten. Zuerst erkannte sie mich nicht, verständnislos starrte sie mich an, dann kam die Erinnerung, ein gezwungenes Lächeln legte sich um ihren müden Mund und sie bat mich einzutreten. In den Raum, wo wir manche Nächte verschwatzt hatten, setzen wir uns. Die Kinder spielten auf dem Boden … ich erkannte sie nicht wieder! Hier hockten kleine, verkümmerte Gestalten, mit gelben, hohlen Wangen wie Schwindsüchtige und übergroßen, hungrigen Augen!

„Wo ist Heinrich?“ fragte ich. Die Frau strich mit der Hand über ihr Gesicht, als schien sie aus schwerem Traum zu erwachen: „Heinrich? Ja, der verkauft Sachen bei den Bürgern. Sie wissen ja, er versteht etwas von Holzarbeiten, kleineren Schnitzereien und so etwas, immer hat er es in seiner Freizeit gern getan, und nun geht er von Haus zu Haus, wie so'n Hausierer, und sucht seine Sachen loszuschlagen, bei den Bürgern, die er so haßt! Das bringt einige Mark ein, hätten wir das nicht, wir alle wären längst verhungert!“ Sie sprach tonlos, mit ganz leiser, leidenschaftsloser Stimme, wie man etwas Ruhiges, Gleichgültiges, Alltägliches sagt. Dann erzählte sie von den täglichen Sorgen. Zuerst, nach der Aussperrung, hatten sie noch einige Vorräte gehabt, doch schon nach einer Woche, trotz sparsamer Einteilung, waren sie verzehrt, man mußte mit der Erwerbslosenunterstützung allein auskommen. Seit vier Wochen hatten sie täglich nur einmal gegessen, irgend etwas Zusammengekochtes: Kartoffeln und Rüben. Abends erhielt jeder eine Scheibe trockenes Brot. „Mein Mann und ich, wir könnten es ja aushalten, oft schon waren wir in ähnlicher Lage – aber die Kinder, die Kinder! Täglich zu sehen, wie sie schwächer und blasser werden, täglich diese gierigen, fragenden Augen zu sehen … das ist schrecklich, diese Augen!“ Sie murmelte etwas, das ich nicht verstehen konnte.

Minuten des Schweigens vergingen, dann blickten wieder ihre müden Augen auf mich und die leise Stimme erklang: „Früher hab' ich an den lieben Gott geglaubt, als Kind. Meine Eltern waren sehr streng im Glauben. Aber dann schon lange, lange, lange nicht mehr! Muß nicht der liebe Gott die Armen, Hungernden, Elenden schützen und die Dicken, Reichen, Übermütigen strafen? Er tut es nicht! Wir sinken immer tiefer, und die anderen, für die wir schuften müssen, die Satten, leben und sind glücklich. Ach, es gibt ja keinen Gott! Oder würde er es zulassen, daß kleine, unschuldige Arbeiterkinder hungern? Das müßte ein sehr, sehr böser Gott sein! Vor einigen Tagen starb das kleine Kind von einem Freund meines Mannes. Der Doktor sagte, es wäre unterernährt und hätte keine Lebenskraft mehr gehabt. So traurig ist es in unserem Leben! Neulich war ich in Düsseldorf bei einer Verwandten und ging durch die Straßen. Da waren große, blanke Geschäfte mit Juwelen, Ringen, Ketten. Dicke, frohe Menschen, Bürger gingen hinein und kauften Ringe mit vornehmen Steinen für ihre Frauen. Sie legten das Geld auf den Ladentisch, eine große, große Summe, gleichgültig, so wie wir das Geld hinlegen, wenn wir Brot und Wurst kaufen, und gingen fort. Ich dachte an meine Kinder, die hungern. Ein Zehntel von diesem Geld, ach, viel weniger, ein Hundertstel hätte gereicht, meine Kinder, Heinrich und mich für lange Zeit satt zu machen! Aus den Cafés kamen elegante Damen mit Pelzen und silbernen Kleidern, die hindurchschimmerten, und Herren mit hochmütigen, satten Gesichtern. Oh, wie ich sie alle hasse, diese satten Menschen! Sind sie besser als ich, daß es ihnen gut geht und mir schlecht? Haben sie mehr getan? Bin ich so schlecht, daß ich im Elend verkommen muß? Und meine Kinder, was haben die denn getan, daß sie hungern müssen? Warum ist das alles so, warum, warum, warum?" … Ihre Stimme hatte sich bei den letzten Wortes etwas gehoben, dann sank ihre Gestalt zusammen und sie starrte auf den Fußboden.

Die Türe öffnete sich, Heinrich trat herein. Er schüttelte mir die Hand und warf einige Mark auf den Tisch. Die Augen der Frau glänzten, sie griff gierig nach dem Gelde und stürzte aus dem Zimmer. Heinrich ließ sich schwer auf einen der Holzstühle fallen. Auch sein Gesicht, eingefallen und gelb, zeigte die Spuren schwerster Entbehrung.

„Ja, Alex, das ist bitter, so bei den Bürgern herumbetteln zu müssen! Das ist verdammt! Da kommen sie dann heraus, wenn man wie so'n Häufchen Unglück an der Türe steht, mit ihren feisten, zufriedenen Fratzen und fragen hochnäsig nach meinen Wünschen! Na, viele kaufen was ab, und das ist die Hauptsache! Für mich allein tue ich es, weiß Gott, nicht! Aber die Kinder, die Kinder! Es läßt sich schließlich auch ertragen, aber manchmal muß ich mich beherrschen, um nicht in Wut zu kommen! Heute, vorhin, in so einem Bürgerhause kommt da so'n fetter, satter Bursche mit dämlichem Gesicht und fragt ganz leutselig von oben herab: ‚Na, auch so'n Arbeitsloser?' Ich sage ja. ‚Da können Sie doch zufrieden sein, lieber Mann, und brauchen den Kopf nicht länger hängen zu lassen! Sie haben nichts zu tun und bekommen doch eine ganz anständige Unterstützung vom Staat!' … Weißt du, da mußte ich verdammt die Zähne zusammenbeißen, um diesen Hund nicht stundenlang in die Fresse zu hauen!"

Dann sprachen wir über die allgemeine Lage. Ich erwähnte die Wirtschaftskrise: „Es läßt sich nicht leugnen, daß die Geldknappheit und insbesondere die schweren Bedingungen der Micumverträge die deutsche Wirtschaft einfach dazu zwingen, die Betriebe stillzulegen. Die große Arbeitslosigkeit ist nicht mit Willen geschaffen worden, sondern unter dem Zwang der Verhältnisse. Ich stimme mir dir überein in der schärfsten Ablehnung der Methoden des Kapitals, die Arbeiterschaft zu zwingen, auch in der Entrüstung über die Verhandlungen mit Frankreich während des passiven Widerstandes, aber die ganze Arbeitslosennot einfach auf das Kapital abzuwälzen, halte ich doch nicht für richtig."

„Hast du dich auch von der bürgerlichen Presse einnebeln lassen?" höhnte Heinrich. „Glaubst du wirklich an eine Kapitalknappheit des Kapitals? Das ist alles Lüge und Betrug, Kumpel, die üblichen Phrasen nach außen für die Dummen!

Die Sache ist einfach so: in einigermaßen normalen Zeiten kann das Kapital nicht von heute auf morgen die Arbeitszeitgesetze umstoßen, selbst die allmächtigen Kapitalisten können das nicht so ohne weiteres – irgendeine Begründung, ein Schein nach außen muß immer gewahrt werden. Jetzt, wo der Staat fast vor dem Zusammenbruch steht, wo alles drunter und drüber geht, ist so ein äußerer, glaubwürdiger Deckmantel da: ‚Wirtschaftsnot', ‚Geldknappheit', ‚Notwendigkeit der Mehrarbeit' und andere schöne Phrasen. Diesen Wirrwarr nutzen die Ausbeuter geschickt aus, um ihr Ziel zu erreichen, die Aussperrung fällt nicht auf, jeder glaubt – die bezahlte Presse sorgt dafür –, es wäre eben eine bedauerliche Folge der Krise. Und dann sitzen die Proleten auf der Straße, und die Kapitalisten warten geduldig – glaub mir, dem Stinnes wird der Magen nicht knurren trotz der Wirtschaftskrise! –, bis das Proletariat so ausgehungert ist, daß es auf die tollsten Bedingungen eingeht, die sie ihm stellen!"

„Wie lange glaubst du denn, wird diese Aussperrung dauern?" fragte ich.

„Ja, das ist schwer zu sagen. Würden die Kapitalisten heute oder morgen die Betriebe öffnen mit neuen Bedingungen, hätten sie schon gewonnenes Spiel, denn die Proleten sind jetzt schon soweit, daß sie alles annehmen, wenn nur das Hungern aufhört. Allzu lange wird es wohl nicht mehr dauern, Millionen hungernder Proletarier sind zu allem fähig, die Revolution steht vor der Tür. Schon jetzt haben die Arbeiter vielfach zur Selbsthilfe gegriffen, an allen Ecken und Kanten wird geplündert, trotzdem die Knechte des Kapitals, die Grünen, in das Volk schießen!"

„Würdest du auf neue Arbeitsbedingungen nicht eingehen?"

„Ich? Nein, niemals! Und wenn's die anderen Kumpels tun, ich tu's nicht! Meine proletarische Ehre verlangt es einfach, daß ich mich durch Hunger und Elend nicht runterkriegen lasse!“

Heinrichs Frau trat ein, sie hatte Brot und Wurst gekauft. Die Kinder erhielten Scheiben mit Wurst. Wie kleine wilde Tiere stürzten sie sich auf das Brot und verschlangen es hastig. Ich verabschiedete mich und drückte allen die Hand.

Eine Treppe tiefer auf dem Flur wurde ich Zeuge eines scheußlichen Auftrittes. Eine Küchentüre stand weit offen, und ich sah, wie ein kleiner Junge sich leise heranschlich, eine Kartoffel aus dem Topf auf dem Herde nahm und eiligst davonlief. Die Frau hatte den Vorfall bemerkt und stürzte hinter dem Knaben her, der sich ängstlich hinter dem Rükken seiner Mutter, der Nachbarin, versteckte. Nun schrien sich die Frauen an und stürzten aufeinander. Sie schlugen sich ins Gesicht, kratzten, bissen, bespien sich, mit einer geradezu tierischen Wut! Wegen einer halbrohen Kartoffel!

Ich atmete auf, als ich wieder im Ledigenheim war. Solche Eindrücke schnürten die Kehle zu. Meine Not schien mir gering zu der, die ich gesehen und gehört hatte!

Die sechste Woche begann. Im Ledigenheim herrschte eine eigentümliche geladene, krankhafte Stimmung der Erregbarkeit. Bei den kleinsten Gelegenheiten kam es zu ernstem Streit unter den Arbeitern. Beim Kartenspiel brauchte bloß ein Schimpfwort zu fallen – sofort gingen die „Ledigen“ mit Fäusten aufeinander.

Am Montagabend – es war Zahlungstag – kam ein kleiner, rothaariger Pfälzer, der erst sei kurzer Zeit hier lebte, schwer betrunken heim, das ganze Geld hatte er verzecht. Im Korridor traf er den Buckel, der ihn anschrie: „Mach, daß du auf dein Stroh kommst, du besoffenes Schwein!“ und ihm einen leichten Stoß versetzte. „Nicht anfassen, du Aas!“ lallte der Rothaarige und warf den Nachtwächter zur Seite. Dieser stürzte mit plötzlicher Wut auf den Betrunkenen, zog ein Messer und stieß zu. Beide packten sich und rangen, der Rothaarige fiel zu Boden und blutete stark aus der rechten Hand. Ein wildes Leben entstand im Ledigenheim. Aus allen Türen rannten die Arbeiter und umringten den Nachtwächter. Einige packten ihn und schleiften ihn durch den Korridor. „Schlagt den Buckel tot!" … „Nieder mit dem krummen Hund!" schrie es von allen Seiten. Der dicke Arbeiter aus dem gegenüberliegenden Zimmer hielt den Nachtwächter am Kragen und brüllte: „Nun ist's zu Ende mit dir, du buckliges Schwein! Mit dem Messer auf Kumpels stechen, so etwas gibt's hier nicht! Holt 'n Strick her, Jungens, damit wir diese ausgekotzte Birne aufhängen können!" – „Ja, hängt ihn auf, den schiefen Hund mitsamt seinem Buckel!" erklang allgemeine Zustimmung, und einige liefen davon, um den Strick zu holen. Der Buckel stand mit schlotternden Beinen da und blickte mit tückischen Augen umher.

Angelockt durch den Lärm erschienen zwei riesige Bayern aus der Nebenbaracke, die mit dem Nachtwächter befreundet waren. Der eine krempelte seine Hemdsärmel auf und schrie: „Halt, laßt den Buckel in Ruh, er ist Beamter!" – „Halt die Fresse!" schallte es zurück, „hier hat niemand die Nase reinzustecken! Der Buckel hat mit dem Messer gestochen und wird aufgehängt!" – „Das ist mir ganz Wurscht!" brüllte der Bayer, „laßt ihn los!", und gleichzeitig hieb er mit der Faust in die Masse. Eine wüste Prügelei entstand. Endlich tauchte der Verwalter mit seinen Bluthunden auf. Das wirkte: alles fuhr auseinander und verzog sich schleunigst. Der Rothaarige hatte eine ziemlich schwere Stichwunde in die Hand erhalten, so daß er am nächsten Tag ins Krankenhaus mußte, was ihm wohl so sehr nicht leid tat, da er dort eine gute Verpflegung erhielt und eine Zeitlang sorgenfrei leben konnte!

Täglich gab es solche Zusammenstöße. Jede menschliche Regung schien geschwunden, die Arbeiter gingen mit verbissenen, finsteren Gesichtern im Ledigenheim umher, streitsüchtig, voller Haß gegen jeden anderen. Der Hunger machte den Gutmütigsten, Weichsten zum Tier!

Einige Tage später kam es wieder zu einer Schlägerei im Zimmer neben uns. Beim Kartenspiel war ein Streit entstanden, jemand hatte eine Ohrfeige erhalten – Sekunden später wälzte sich ein Knäuel von Menschen am Boden, mit Messern und Fäusten arbeitend. Die Arbeiter aus den anderen Zimmern und Baracken stürzten herbei – ein wilder Wahnsinn schien alle befallen zu haben –, und bald tobte und johlte der Kampf durch alle Räume und Gänge. Selbst der Verwalter vermochte nichts auszurichten – Polizei mußte geholt werden, die die Streitenden auseinanderriß und Verhaftungen vornahm. Sechs Schwer- und Leichtverletzte mußten dem Krankenhaus zugeführt werden.

Die sechste Woche ging ihrem Ende zu. Ich lebte nur noch in einer Art von Dämmerdasein. Mittags fand ich kaum noch die Kraft, aufzustehen. Selbst hinaus traute ich mich nicht mehr, da ein kurzer Gang mich schon todmüde machte. So saß ich tagsüber im Zimmer, stumpfsinnig auf das Abendessen wartend. Man hörte von neuen Plünderungen in der Umgebung; Hamborn, Meiderich, Beeck, Ruhrort – von Demonstrationen, Massenversammlungen, in denen zur Revolution aufgefordert wurde –, doch ich fühlte weder die Kraft noch die Lust, diese Dinge mitzuerleben.

Die Sonderbündlerbewegung war fast überall zusammengebrochen, der Widerstand der Bevölkerung erledigte diese Bewegung, die doch nur künstlich gehalten wurde. Nur in Duisburg schienen die Separatisten noch festzusitzen. Es kam zu blutigen Kämpfen mit der Bevölkerung. Die Franzosen nahmen offene Partei und verhafteten eine große Zahl der Einwohner. Doch das alles half nicht mehr viel. Eines Tages kamen große Unterschlagungen der Separatisten heraus, man hatte wertloses Geld ausgegeben und das Volk um Lebensmittel betrogen. Der Skandal zeigte sich zu offensichtlich, und selbst die Franzosen überließen nun die „Rheinarmee“ ihrem Schicksal. Am nächsten Morgen verließ sie ziemlich eilig die Stadt, eine wüste Unordnung in den Quartieren zurücklassend. Die Behörden und die Polizei zogen wieder in Duisburg ein, und unter dem stürmischen Jubel der Bevölkerung senkte sich die grün-weiße Separatistenfahne und flatterte wieder die schwarz-rot-goldene Reichsfahne vom Rathaus!

Am Sonnabend Morgen wälzte ich mich wie immer in dumpfem Halbschlaf auf meinem Strohsack. Es war zehn. Trotz der vorgenagelten Decke drang das trübe, graue Tageslicht durch das Fenster und umfaßte die Gegenstände des Zimmers, die mir so vertraut waren, daß ich sie haßte. Immer, wenn ich tagsüber auf dem Bett lag, hatte ich diese Umgebung gesehen, ich schien sie in mir aufgesogen zu haben, selbst wenn ich die Augen schloß und wenn Dunkel herrschte, war mir jedes Ding, jede kleine Einzelheit des Raumes unnatürlich klar bewußt: die schmutzige elektrische Birne, die einsam, ohne Schirm an der Decke hing, die Risse und Löcher in der Wand und auf der Diele, der Holztisch – auf dem sich ständig Unordnung zeigte – mit den alten Konservenbüchsen, die als Aschenschalen dienten, mit den umgekippten Bechern, der Kanne, die halb mit „Negerschweiß“ gefüllt war, den Resten einer Mahlzeit – Brotkrümel und Wurstschalen – und hundert andere Dinge. Mein Magen gähnte vor Leere, der Körper fühlte sich schlaff, seit vier Tagen hatte ich mein letztes Brot aufgegessen. „Noch zwei Stunden bis zum Mittag!“ dachte ich seufzend und bemühte mich, krampfhaft die Augen schließend, weiter zu schlafen.

Plötzlich hörte ich laute, erregte Stimmen im Flur, Geschrei, Zurufe, Türen-Schlagen. Wohl wieder eine Keilerei! Ich erhob mich und trat aus dem Zimmer.

Das ganze Ledigenheim schien auf den Beinen. Die Arbeiter drängten sich dicht um jemand, der Zettel verteilte. Ich bekam einen zu fassen und las. Mit grellen Buchstaben stand da, daß vom Montag ab die Arbeit wieder begänne – doch unter neuen Bedingungen: Achtstundenschicht, Mehrleistung – statt zwölf Wagen Kohle sollte eine Kameradschaft jetzt fünfzehn pro Schicht schaffen –, der Lohn sei auf zwei Drittel des Friedenslohnes festgesetzt. Jeder Arbeiter sei verpflichtet, seine persönliche Unterschrift unter die neuen Bedingungen zu setzen, im Weigerungsfalle würde er sofort fristlos entlassen und könne außerdem keine Erwerbslosenunterstützung mehr beziehen, da diese nur für solche Bergleute gelte, die eine Arbeitsmöglichkeit nicht nachweisen könnten! Das hieß die Pistole auf die Brust setzen! Doch ein Halten gab es nun nicht mehr. Wohl fluchten alle über diese „gottverdammte Erpressung", aber die Aussicht, wieder etwas Geld zu verdienen, sich satt essen zu können, warf alle anderen Bedenken über den Haufen! Schon am Vormittag strömten die Massen der Bergleute in die Zechenanlagen, die geöffnet waren, um die Unterschrift zu leisten. Auch ich unterschrieb.

Die beiden letzten Tage der Arbeitslosigkeit vergingen in fieberhafter Erregung. Man atmete auf: endlich, endlich sollte der Hunger ein Ende nehmen! Wohl waren die Bedingungen schwer und drückend, doch der Hunger drückt noch mehr!

Am Montag um sechs Uhr morgens fuhren wir alle wieder zum ersten Mal nach einer sechswöchigen Unterbrechung ein. Beim Umziehen in der Waschkaue konnte ich die Kameraden kaum erkennen, so abgemagert, bleich und kränklich sahen sie alle aus. Franz wirkte wie ein lebendes Skelett! Kaum ein Wort wurde gewechselt, finster und schweigend zogen alle ihre Grubenkleidung an. Wie damals nach dem Streik herrschte resignierte Stimmung, doch diesmal war es ja viel schlimmer! Damals hatten die Arbeiter zwar nichts gewonnen, aber schließlich auch nichts verloren, die Arbeitsbedingungen waren nicht schlechter geworden. Nun aber hatten die Bergleute die Schlacht verloren: die Kapitalisten hatten ihr Ziel – Achtstundentag und Mehrleistung – durchgesetzt!

Unten am Schacht vermißte ich Heinrich, der sonst hier immer auf mich wartete. Ich frage die anderen, keine wußte etwas von ihm, die Unterschrift hätte er verweigert, sagte mir jemand. Wollte Heinrich wirklich diesen sinnlosen Kampf aufnehmen? Wie konnte er sich allein halten, wo die Masse nachgegeben hatte?

Martin saß bei der Bremse, auch ihn hatte der Hunger stark mitgenommen: sein Bauch hing wie ein leerer Sack über dem Gürtel, die Backen pendelten schlaff am dicken Gesicht. Gesprochen wurde nicht viel, wir krochen unseren Gang hinunter und machten uns an die Arbeit. Es fiel bitter schwer! Mein Körper war so kraftlos und schlapp, daß mir die allerkleinste Bewegung die größten Schmerzen verursachte, kaum konnte ich die Schippe heben. Auch Martin leistete fast gar nichts. In der ganzen Schicht kamen wir nur wenig vorwärts. Wie mußte es erst den Hauern gehen, die fünfzehn Wagen leisten sollten, bei dieser Entkräftung.

Die acht Stunden verliefen langsam und schleppend. Um zwei Uhr standen wir auffahrbereit am Schacht. Kein lautes Leben, Lachen und Schelten wie sonst herrschte heut hier, die geschwärzten Männer standen mürrisch, dumpf in Gruppen beisammen. Auch der bucklige Jakob, der auf einem Holzwagen saß und die Kontrollmarken verteilte, verhielt sich still und finster.

Die erste große Freude bildete das Mittagessen im Ledigenheim. Es gab Fleisch, gute Kartoffeln, Kohl – eine große Portion! Satt wurden wir, zum ersten Mal satt, nach sechs Wochen!

Drei Tage verliefen in dieser Weise, dann erschien Heinrich, ich traf ihn beim Schacht, als ich den Korb eben verlassen hatte. Wir gingen ein Stück schweigend. Heinrich war gänzlich zusammengefallen, das Gesicht hohl und leichenblaß, die Augen, die sonst so lebendig glänzten, stumpf und trüb!

„Bist du nun doch endlich gekommen?" fragte ich. Er nickte mit dem Kopf. „An mir lag es nicht, Kumpel, weiß Gott nicht! Ich hätte noch gehungert trotz allem. Als ich die neuen Arbeitsbedingungen erfuhr, bekam ich eine wahnsinnige Wut! Ich hätte auf die Straße laufen mögen, jedem Kumpel ins Gesicht schreien: ‚Laßt euch nicht fangen, Proleten, haltet weiter aus, sie können schließlich nicht ewig ihre Betriebe sperren, ohne eure Fäuste sind sie verloren! Laßt euch nicht zwingen, unter diese Joch zu kriechen!' Ach, es hätte doch nichts genützt! Ich aber wollte mich nicht übers Ohr hauen lassen, ich weigerte mich, diese Vergewaltigung zu unterschreiben! Als Proletarier, der auf sich hält, durfte ich das nicht tun! Und wenn man mir die Erwerbslosenunterstützung entzogen hätte – mit Gewalt würde ich mein Brot holen, plündern meinetwegen, dem satten Bürgergesindel fortnehmen … alles lieber als nachgeben! Aber ich bin nicht allein. Gestern Abend kam es: als ich nach Hause kam, stürzt plötzlich meine Frau auf mich zu, fällt vor mir auf den Boden und schreit: ‚Heinrich, wenn du morgen nicht einfährst, bringe ich die Kinder und mich um! Ich werfe sie zum Fenster hinaus und stürze nach! Sieh sie dir doch an, deine Kinder, sie sterben langsam dahin … dem schlechtesten Hund auf der Straße geht es besser! Was schert mich dein proletarisches Klassenbewußtsein, ich will Brot für die Kinder, verstehst du!' – Da bin ich denn heute wieder eingefahren und habe den Wisch unterschrieben. Nein, Alex, an mir lag es nicht, aber die Kinder, die Kinder!"

Heinrich schwieg, und wir gingen den gewohnten Weg. Kurz vor meiner Arbeitsstätte sagte er noch: „Ja, Kumpel, wir haben den Kampf verloren, für lange Zeit. Die Kapitalisten können sich die Hände reiben, sie haben auf der ganzen Linie gesiegt!"

Wieder vergingen einige Tage. Wir fühlten, wie die Kräfte allmählich wuchsen, die starke, gesunde Koste spürte man in den Knochen. Die Mehrleistung konnte bei dem geschwächten Zustand der Bergleute naturgemäß nicht durchgesetzt werden, es wäre einfach unmenschlich gewesen. Die Kameradschaften lieferten neun bis zehn, elf, zwölf Wagen Kohle – das meiste, was geschafft wurde: dreizehn Wagen –, auf fünfzehn Wagen, wie die neuen Bedingungen verlangten, konnte es kein „Ort" bringen. Abgesehen von der körperlichen Unmöglichkeit, nach sechs Wochen schwerster Entbehrung diese Arbeit zu leisten, kam noch hinzu, daß während der langen Stillegung der Betriebe viel Gestein heruntergebrochen war, das fortgeräumt werden mußte, und so viel Zeit von der eigentlichen Kohlengewinnung abzog.

Sieben Stunden unter Tag zu arbeiten, bei der heißen Grubenluft und den Kohlendünsten, war vollauf genug und zehrte schon an den Kräften – jede Minute mehr wirkte überanstrengend. Die Stunde Mehrarbeit, die wir nun leisten mußten, strengte fast so an wie die anderen sieben vordem! Ich konnte es vollauf verstehen, mit welcher Zähigkeit die Bergleute an der Siebenstundenschicht hielten!

Am Freitag gab es den ersten Lohn. Endlich hatte ich wieder Geld in den Fingern, wenn auch nicht viel, so doch wenigstens genug, um einiges sehr Nötige zu kaufen. Dieser Lohntag brachte eine ungeheure Erregung unter die Arbeiter. Was niemand erwartet hatte, trat ein: den Kohlenhauern wurde jeder Wagen, der von der angesetzten Zahl fünfzehn fehlte, vom Lohn abgezogen, so daß das groteske Bild entstand, daß die Hauer, die ältesten, erfahrensten Bergleute, die die schwerste, gefährlichste Arbeit zu leisten hatten, eine geringere Summe erhielten als die Schichtlöhner, die eine verhältnismäßig leichtere Tätigkeit vollführten. Jeder junge Bengel, der an der Bremse oder bei Maschinisten half, erhielt mehr Lohn als der erfahrene Hauer!

Die Wut war natürlich grenzenlos, die Hauer schrien und fluchten, ein alter, weißhaariger Bergmann von einem Nebenrevier warf dem Steiger, der den Lohn auszahlte, die paar Mark ins Gesicht und brüllte: „Wisch dir den Arsch damit ab, was soll ich mit so 'nem Hundelohn!" Die Steiger zuckten die Achsel: Befehl von oben, die Mehrleistung sollte mit allen Mitteln durchgeführt werden!

Wir hörten, daß auf einer Zeche bei Thyssen die Arbeiter Ausschreitungen begangen hatte – den Betriebsführer und einige Beamte hatte man von der Hängebank heruntergestürzt und getötet.

Eine furchtbare Erregung hatte die Bergleute gefaßt. An diesem Tage hätte sich kein Großindustrieller hier blicken lassen dürfen, er wäre von der wütenden Masse sofort gelyncht worden! Ich sah überall geballte Fäuste und verzerrte Mienen.

Neue Arbeitstage kamen und gingen. Die Kumpels arbeiteten weiter mit Haß, mit Haß, mit Haß!

Abschied

Weihnachten stand vor der Tür. Ich empfand brennend das Verlangen, nach Hause zurückzukehren, die Welt der Bergleute zu verlassen. Was konnte mich hier länger zurückhalten? Meine Aufgabe hatte ich erfüllt, meinen Willen durchgesetzt: ein Jahr als Bergarbeiter zu leben.

Ein Jahr hatte ich Sorgen und Freuden, Not und Elend mit den Bergleuten geteilt, ein Jahr als Proletarier unter Proletariern. Die Arbeit im Bergbau lernte ich aus eigener Erfahrung kennen: in der Schüttelrutsche hatte ich gelegen, mit Hauern Kohle gewonnen, beim Verbauen und Verzimmern gearbeitet, die Bremse bedient, am Schacht Förderwagen geschoben – Streik und Arbeitslosigkeit mit den Arbeitern gemeinsam erlitten.

Wichtig war der persönliche Gewinn dieses Jahres: ich hatte mir den Beweis geliefert, daß mit starkem Willen alles möglich sei; nie hätte ich im Anfang geglaubt, die Arbeit aushalten zu können – und ein Jahr konnte ich es ertragen. An alles kann sich der Mensch gewöhnen, sein Wille überwindet alles, bitterste Not, größte körperliche Qual! Gewiß, einschränkend muß ich hinzufügen: das Bewußtsein, jederzeit diese Welt verlassen zu können, nicht mit allen Fasern gebunden zu sein, trug nicht wenig dazu bei, meine Kraft zu stärken – der Gedanke, ewig hier bleiben zu müssen, mein Leben lang Bergmann zu sein, hätte mich niedergeschlagen!

Doch wesentlicher als diese Erkenntnis war mir die Erweiterung meines Gesichtskreises; ich hatte eine mir gänzlich neue, fremde, früher unheimlich, unverständlich erschienene Welt kennen gelernt, die Welt der Arbeit, des Proletariats. In dem engen, alltäglichen Beieinandersein, der gemeinsamen schweren Arbeit, dem gemeinsamen Ertragen von Hunger und Elend, wurde mir die Möglichkeit gegeben, tief in die Seele des Arbeiters zu blicken. Freunde hatte ich gewonnen wie Heinrich, dessen Persönlichkeit ahnen ließ, welche menschlichen Kräfte im Proletariat rege sind!

Ich bat um meine Entlassung, bekam sie bewilligt, und am 20. Dezember fuhr ich zur letzten Schicht ein. Die letzte Schicht! Es war ein eigentümliches Gefühl, als ich zum letzten Mal in der Waschkaue die Grubenkleidung überstreifte, zum letzten Mal holte ich die Grubenlampe, stieg die schmale Treppe zur Hängebank hinauf und stellte mich in die Reihe der Wartenden. Dann kroch ich in den Förderkorb und sauste in die Tiefe – meine letzte Einfahrt!

Unten wartete Heinrich, und wir schritten zusammen unseren Weg. „Nun wirst du uns untreu, Alex," sagte er, „in der Not läßt du die Proleten im Stich! Aber freilich, ich würde es an deiner Stelle auch tun. Glücklich die Menschen, die aus dieser Hölle hinauskönnen! Doch vergiß uns nicht, Kumpel! Ich glaub, sobald du wieder in deiner Welt lebst, denkst du nicht mehr an uns und unsere Not!" – „Gewiß nicht," antwortete ich, „die Erlebnisse und Eindrücke, die hier auf mich eingewirkt haben, sind stark und nachhaltig, ich habe viel zugelernt, niemals könnte ich das vergessen! Immer werde ich versuchen, die Wahrheit zu sagen über die Zustände und das Leben der Arbeiter, wie ich es kennen gelernt habe."

Martin saß wie immer mißmutig und dick vor der Bremse, in den letzten Tagen hatte er wieder zugenommen. Wir krochen die Strecke hinunter und gingen an die Arbeit. Nie ist sie mir so leicht gefallen! Die große Freude, die mich erfüllte, zum letzten Mal diese Arbeit zu vollbringen, gab mir ungeahnte Kräfte. Die Geschwindigkeit, mit der ich den Teckel füllte, die Steine behackte, den Wagen hinaufzog und umlud, setzte sogar Martin – der sonst an allem herumzunörgeln hatte – in Erstaunen! Beim Buttern zeigte sich Martin gesprächiger als sonst. Er schimpfte über seine Frau, seinen Sohn Jakob, den schlechten Lohn, den Achtstundentag, die Kumpels und endlich über meine Abreise: „Solche Bürschchen wie du haben's gut, wenn ihnen der Dreck hier nicht mehr paßt, gehen sie einfach weg! Unsereiner hat hier solange zu schuften, bis er vor Alterschwäche krepiert, wenn nicht vordem Kohle oder runtergehendes Gestein ihm die Knochen kaputthaut!" Schließlich hatte sich Martin ausgeredet und aß schmatzend seine riesigen Stullen, zwischendurch mächtige Schlucke aus seiner Kaffeeflasche nehmend.

Wie bei meiner ersten Schicht saß ich auf einem Stück Holze, die beiden Grubenlampen warfen matten Schein in die niedrige Strecke, totenstill alles um uns, nur unterbrochen von dem dumpfen Rollen des oben zum Schacht fahrenden Zuges und das laute Schmatzen Martins.

Die zehn Minuten gingen herum, wir setzten unsere Arbeit fort. Der Teckel war gefüllt, ich kroch hinauf in die Förderstrecke, um die Haspel zu bedienen. Während des Umladens des Gerölls aus dem Teckel in einen Förderwagen kam die Maschine wieder vom Schacht, um neue Wagen zu holen. Jakob hielt an, um Preßluft zu füllen. „Nun Gräflein," rief er, „du willst fortgehen von uns? Das ist aber verdammt schade, Gräflein, wir mögen dich alle sehr gern. Aber an deiner Stelle, Gott verflucht noch mal, wäre ich schon längst über alle Berge!" – „Was meinst du denn zur allgemeinen Lage?" fragte ich. – „Ja, Gräflein, die ist verdammt übel! Die Kapitalistenhunde haben uns elend übers Ohr gehauen! Aber die Wut, Kumpel, die in uns allen steckt, geht nicht verloren! Das frißt sich hinein und wartet, bis es wieder 'raus kann. Die Kumpels vergessen nichts, Gräflein, jede Ohrfeige, die wir bekommen, wird zurückgezahlt mit Zins und Zinseszinsen, wenn die Zeit kommt! Wehe den Hunden, wenn die Proleten die Macht ergreifen – da fließt Blut!" Jakob fuhr weiter, ich ließ den leeren Teckel hinunter und kletterte wieder zu meiner Arbeitsstätte.

Die letzten Stunden verstrichen schnell. Wir hatten kaum die neuen Stempel und den Verbau gesetzt, als die Uhr halb zwei zeigte. Wir zogen die Hemden und Jacken über die schweißbedeckten Körper, nahmen die Schippen und Spitzhämmer und krabbelten die Strecke hinauf. An der Bremse verschnauften wir ein wenig, legten die Werkzeuge in die Gezähekiste, die Martin abschloß, und gingen zum Schacht. Zum letzten Mal stand ich hier unten vor der Auffahrt. Überall standen die geschwärzten Bergleute in Gruppen beisammen und diskutierten, auf dem Holzwagen hockte der bucklige Jakob und rief mit schriller Stimme die Kontrollmarken aus.

Ich nahm Abschied von meinen Freunden und Kameraden, mit denen ich ein Jahr das Schicksal geteilt hatte. Nach allen Seiten schüttelte ich die Hände: Heinrich, Franz, Martin, Jakob und den vielen anderen, die ich näher kennen gelernt. Alle bedauerten mein Fortgehen. Es war mir wehmütig zumute, diese vielen prächtigen Menschen für immer verlassen zu müssen!

Wir gewöhnen uns so schnell an neue Menschen, Umgebung und Zustände, daß es immer schwer fällt, uns von etwas Gewohntem zu trennen, selbst wenn dieses Gewohnte schwer und drückend ist. Freilich, diese trübe Stimmung konnte nicht lange anhalten, die Freude, frei zu sein, aus dieser grauen Welt der Arbeit herauszukommen, war doch zu stark und tief!

Bald hatte ich meine Blechmarke und kroch in einen Satz des Förderkorbes. Das Klingelzeichen ertönte – pfeilschnell sauste es nach oben. Ein scharfer Ruck, knatternd flog das Fallgitter hoch, Tageslicht quoll durch die verrußten Scheiben der Hängebank, ich sprang heraus – die letzte Schicht unter Tag, wohl meine Lebens, lag hinter mir! In Eile ging es die Treppe hinunter, die Grubenlampe wurde abgegeben, in der Waschkaue riß ich das Grubenzeug vom Leibe und lief unter die Dusche, um zum letzten Mal den Kohlenstaub vom Körper zu spülen. Bald stand ich angekleidet, schenkte meine Arbeitskleidung, die ich ja doch nicht mehr brauchen konnte, einem Kumpel und begab mich ins Schreibzimmer, wo ich meine Papiere erhielt und Zechenausweis und Kontrollmarke abliefern mußte. Schließlich verabschiedete ich mich noch vom Steiger und stand Minuten später vor dem Zechentor.

Heinrich wartete hier. „Noch von meiner Frau soll ich dich grüßen lassen, sie läßt dir sagen, du solltest uns nie vergessen. Aber das tust doch auch nicht, ich weiß es. Es tut mir leid, daß du nun fortgehst. Wie viele schöne Stunden haben wir zusammen verbracht! Wann sehen wir uns wieder, Alex? Vielleicht niemals, vielleicht im Straßenkampf?"

„Ist es nicht Wahnsinn?" rief ich aus, „sind wir nicht Menschen, die sich lieben, Freunde? Müssen wir uns hassen, weil du Proletarier bist und ich keiner bin?"

Eine Weile schwieg Heinrich, dann sagte er leise: „Ich liebe dich, wie man einen Freund liebt, ich hasse dich, weil du ein Feind der proletarischen Idee bist!" Wir drückten uns die Hände zum letzten Mal, und ich glaube, wir hatten beide Tränen in den Augen.

Vom Himmel rieselte leiser Regen. Es herrschte Tauwetter, in den letzten Tagen hatte es gefroren und geschneit – nun war alles aufgeweicht, bei jedem Schritt sank der Fuß tief in matschigen Boden. Ein kalter Wind fegte mir entgegen.

Nach meinem letzten Mittagsmahl im Ledigenheim ging ich noch in die Stadt, um notwendige Besorgungen zu machen. Gegen Abend kehrte ich heim. Da ich am nächsten Morgen früh fort wollte, mußte ich mich schon am Abend von allen Bekannten im Ledigenheim verabschieden. Zu allen ging ich: dem dicken Verwalter, dem freundlichen Mädchen in der Kantine, dem „Buckel" und den vielen Kumpels in den Baracken.

Nach dem Abendessen saß ich noch lange am Holztisch und plauderte mit meinen Stubengenossen. Gegen zwölf legten sich meine Kameraden zur Ruh. Ich packte schnell noch meine Habseligkeiten in meinen Koffer und Rucksack und kroch dann ebenfalls auf meinen Strohsack. Durch Drehen der elektrischen Birne an der Decke löschte ich das Licht. Meine Kameraden schliefen schon, das gleichmäßige Schnarchen zeigte es – ich jedoch fand keine Ruhe, lange lag ich wach. Ich mußte an die erste Nacht denken, die ich in diesem Raume verbracht hatte. Wie seltsam, unheimlich, beängstigend war mir damals alles erschienen: das dumpfe Stampfen und Dröhnen der Maschinen draußen, die stickige Luft im Zimmer, die Laute und Geräusche in der Baracke. Die ersten Eindrücke: der graue Wald der Fördertürme, Schlote, Maschinenhallen, Mietskasernen, die hohlwangigen, gelben Gesichter der Proletarier hatte mich bis tief in den Schlaf verfolgt, eine dunkle, ungewisse Zukunft hatte vor mir gelegen. Ein Jahr verging seitdem. Ich war hineingetaucht in diese Welt, und alles Fremde und Ungewohnte, von der Arbeit und dem entbehrungsvollen Leben unter den Arbeitern bis zu den nächtlichen Geräuschen, erschien mir längst vertraut!

Heute schlief ich die letzte Nacht hier. Ich fühlte tiefes Glücksbewußtsein mich durchdringen: von morgen ab war ich wieder frei, konnte menschenwürdig unter freien Menschen an anderer Luft leben! Dieses Arbeitsjahr mit harter Anstrengung, dumpfen Sorgen und schweren Eindrücken lag hinter mir, als etwas Vergangenes, Endgültiges, Überwundenes! Langsam legte sich lastende Müdigkeit auf mich, und ich versank in ruhigen Schlaf.

Als am nächsten Morgen um halb fünf der Knüppel donnernd gegen die Tür schlug, erwachte ich, nicht wie sonst matt und zerschlagen, sondern frisch, munter, voller heiterer Lebenskraft. Doch brauchte ich noch nicht aufzustehen, mein Zug ging erst nach neun vom Meidericher Bahnhof. Meine Kameraden tranken schweigend den Kaffee, reichten mir zum Abschied die Hand und gingen zur Arbeit. Kurze Zeit lag ich noch im Halbschlummer, sprang dann aus dem Bett, wusch mich sorgfältig, zog einen „bürgerlichen“ Anzug an und frühstückte ausgiebig. Zum letztenmal hoffentlich trank ich diesen „Negerschweiß“! Um halb acht schnallte ich den Rucksack um, ergriff den kleinen Koffer und machte mich auf den Weg.

Das richtige Alltagswetter des Ruhrreviers empfing mich: rieselnder, ewiger Regen vom grauen, undurchsichtigen Himmel. Noch einmal warf ich einen Blick auf die drei langen, niedrigen Baracken, die ein Jahr meine nähere Heimat waren, dann schritt ich den Weg nach Meiderich zu, an meinem Schacht vorbei, dessen Förderturm sich schwarz und drohend von dem dunklen Hintergrund abhob. Kaum einem Bergmann begegnete ich, sie saßen und lagen um diese Zeit tief unter der Erde.

Wie damals, am ersten Tag, mußte ich über den steilen Bahndamm steigen, um nach Meiderich zu gelangen. Und wieder bot sich mir hier hoch oben das grausig-gewaltige Gemälde der Arbeit. Soweit der Blick reichte, bis in ungeahnte Weiten: Fördertürme, Fabrikschlote, Zechenanlagen, Maschinenhallen, Mietskasernen, Hochöfen, emportauchend und verschwindend in grauem Dunst und schleichenden gelben Schwaden. Und wieder wie damals umdröhnte mich das wimmernde, keuchende, stöhnende, jauchzende Lied der Arbeit: das Grollen, Stampfen, Surren, Knattern, Zischen, Pfeifen!

Damals hatte ich ein Grauen empfunden vor diesem Anblick, ein tiefes Mitleid mit den Menschen, die in solcher Hölle ihr Dasein verbrachten. Ich hatte diese Welt und die Menschen, die in ihr geboren wurden, lebten und starben, kennen gelernt, und die Erfahrungen und Eindrücke dieses

Jahres hatten mein Grauen und Mitleiden vertieft – das Grauen vor der entseelenden Wirkung der Maschine, der dumpfen, freudlosen Arbeit in der gasdünstigen Luft der Kohlenschächte, dem erstickenden Zusammenleben in den Massenquartieren der Mietskasernen und das Mitleid mit den heimatlosen, verbitterten, elenden Proletariern! Viele gab es unter ihnen, die sich aus der Unnatur der geknechteten Maschinenwelt hinaussehnten nach Licht, Sonne, Freiheit, nach ganzem Menschentum, aber ihr Schrei erstickte unter dem Dröhnen der Maschinen, und ihre Seelen wurden erfüllt mit glühendem Haß gegen die Ausbeuter, den Staat, das Leben, gegen ein Schicksal, das sie zwang, menschenunwürdig zu leben.

Trostlos, leer, freudlos erschien mir das Dasein dieser Millionen von arbeitenden Bergleuten, die von den hohen Fragen der Seele, der Kunst, Religion, Dichtung, nicht berührt werden konnten – von den Dingen, die erst das Leben lebenswert, den Menschen glücklich machen. Das Wort des einen Arbeiters fiel mir ein: „Wer reich ist, braucht noch nicht glücklich zu sein, aber wer im Elend lebt, kann es überhaupt nicht sein!" Menschen, die in bitterster Not ihr alltägliches Brot verdienen, stellen ihr ganzes Denken, Fühlen, Wollen in den Kampf um das nackte Leben, sie sind dumpf, erdgebunden, tief an den Alltag gefesselt, ihre Augen weilen am schwarzen Boden, sie sehen den Himmel mit der Sonne und den Sternen nicht! – Und während ich weiterschritt, dem Bahnhof zu, um aus der Welt der grauen Arbeit zu flüchten, klang mir ein Vers von Arno Holz in den Ohren:

„... Ja, recht hat, o du süße Mutter,
Dein Spruch, vor dem's mir stets gegraust:
Was soll uns Shakespeare, Kant und Luther –
Dem Elend dünkt ein Stückchen Butter
Erhabner als der ganze Faust!"

Nachwort

Die Reportageliteratur gilt gemeinhin als das klassische Genre der Ruhrgebietsliteratur. Mit ihrem Streben nach Exaktheit und Objektivität scheint sie die am besten geeignete Form zu sein, die Welt der Technik und der Industrie literarisch zu vermitteln, dem Phänomen Ruhrgebiet literarisch Antworten abzuringen. Eine Vielzahl von Berichten, Reportagen und Essays beweist, dass dieses Unterfangen nicht nur quantitativ eingelöst wurde, sondern auch ästhetisch herausragende Texte hervorbrachte. Hierfür stehen vor allem die 1920er Jahre, die Zeit der Weimarer Republik, als nicht nur die Reportage das Ruhrgebiet ‚neu' entdeckte. Denn allerspätestens seit der Ruhrbesetzung (1923) konnte das Revier nicht mehr als eine Terra incognita, als „ein unbekannter Erdteil in Deutschland" (Erik Reger) angesehen werden, und so strömten die Reporter, Journalisten und Schriftsteller ins „Land der tausend Feuer", ins „Schwarze Revier". Unter den kurzzeitigen Einwanderern befanden sich mit Egon Erwin Kisch, Larissa Reissner, Joseph Roth, Jura Soyfer oder Alfons Paquet prominente Namen, die mit ihrer unfreiwilligen Außenperspektive mit dafür sorgten, dass dem Ruhrgebiet in der Folgezeit ganz bestimmte Bilder zugeschrieben wurden und sich dadurch auch die Wahrnehmung im Revier selbst veränderte.

Neben den literarischen Reportagen lässt sich gerade in den 1920er Jahren eine andere Form von Berichtliteratur finden, die sich hauptsächlich dem Bergbau des Ruhrgebiets widmete. So war es nicht ungewöhnlich, dass mancher Autor, der das Revier von unten kennengelernt hatte, hernach dichterisches Zeugnis von seiner Arbeit im Stollen ablegte. Man kam als bergfremder Intellektueller oder als engagierter Werkstudent an die Ruhr und ließ sich dort für einen überschaubaren Zeitraum als Gast-Arbeiter in den

Schacht verschließen. Die publizierten Unter-Tage-Erfahrungen trugen schlichte Titel wie *Der Werkstudent* (1924), *Der Tag ohne Licht* (1928), *Kumpel Student* (1932) – oder *Meine Erlebnisse als Bergarbeiter* (1928).

Meine Erlebnisse als Bergarbeiter: das sind die Erlebnisse des Bergarbeiters Graf Alexander Stenbock-Fermor, der von Hause aus alles andere als ein Bergmann war, der aber dennoch für ein Jahr als sogenannter Werkstudent in der Unterwelt von Hamborn arbeitete. „Pekuniäre Not" und „eine gewisse Abenteuerlust", wie er im Vorwort notiert, trieben den Autor ins Ruhrgebiet, und das ausgerechnet in der schweren Umbruchphase des Jahres 1923, dem Höhepunkt der französischen Ruhrbesetzung wie der Inflationszeit. Es sind jedoch nicht in erster Linie jene Rahmenbedingungen der politischen Großwetterlage, die Stenbock-Fermors Aufzeichnungen bestimmen, sondern die erschütternden Schilderungen des ganz normalen Bergarbeiter-Alltags. So atemlos, wie sich der erste Arbeitstag des „Freiwilligen Stenbock" hinter der Kohlenschaufel gestaltet, so atemlos legt man dieses Buch nach 170 Seiten Lektüre beiseite. Dabei hat man doch ‚nur' (erneut) ein Buch über den Bergbau gelesen. Kann denn so etwas überhaupt noch Spannung erzeugen? Bei allen Vorurteilen gegenüber dieser Gattung: Es kann. Vielleicht liegt ein Grund darin, dass Graf Alexander Stenbock-Fermor (1902–1972) als gänzlich Fremder ins Ruhrgebiet kam. Sowohl der Bergbau als auch die Region waren ihm bis dahin völlig unbekannt. So liest sich sein Bericht streckenweise tatsächlich wie ein Abenteuer-Buch, als Aufzeichnung einer Entdeckungsreise in eine unbekannte Welt.

Stenbock-Fermor selbst kam aus einer ganz anderen Welt. Mütterlicherseits aus russischem Fürstengeschlecht und väterlicherseits aus ältestem schwedischem Adel stammend, wurde er auf Schloss Nitau bei Riga/Livland geboren. Er besuchte ein Internat in Thüringen, beteiligte sich als junger Freiwilliger der Baltischen Landeswehr „begeistert“ an den Kämpfen gegen die Rote Armee (1918/19), emigrierte mit seinen Eltern nach Mecklenburg in Deutschland (1920), wo er nach dem Abitur ein Ingenieurstudium begann. Als mittelloser Student entschied sich Stenbock-Fermor Ende 1922 schließlich, ein Jahr lang sein Brot als Bergmann zu verdienen, „als Proletarier unter Proletariern“: im Ruhrgebiet, diesem „Lande ohne Seele, ohne Himmel und Schönheit“, in Hamborn, wo er nie zuvor „eine reiz- und seelenlosere Stadt“ sah, auf der Schachtanlage *Gewerkschaft Friedrich Thyssen IV*.

Dieses eine Jahr, dieses eine Jahr als Schlepper unter Tage, sollte das weitere Leben und Schaffen Stenbock-Fermors nachhaltig verändern. Zum einen begründete das fünf Jahre später erschienene Buch *Meine Erlebnisse als Bergarbeiter* seinen Weg als freier Schriftsteller, nachdem er sich zuvor in verschiedenen anderen Berufen versucht hatte (Journalist, Buchhändlerlehrling, Bibliothekar, Verlagsgehilfe). Zum Zweiten lösten seine unmittelbaren Erfahrungen mit der Welt der Arbeit eine ideologische Umkehr aus. „Da fiel denn mein altes schönes Weltbild ziemlich kläglich zusammen“, räumte Stenbock-Fermor später ein. Wie der Widerspruch es wollte, wurde aus dem überkommenen Weißgardisten ein überzeugter Rotgardist, ein Mitglied der Kommunistischen Partei (KPD) sowie des Bundes proletarisch-revolutionärer Schriftsteller (BPRS), kurz: „Der rote Graf“, wie später die aus dem Nachlass publizierte Autobiographie Stenbock-Fermors hieß (1973).

Von dieser ideologischen Kehrtwendung, diesem Schritt von rechts nach links, ist in Stenbock-Fermors Bergbau-Aufzeichnungen freilich noch nichts zu verspüren. Im Gegenteil: Hier vertritt „Alex“, das „Gräflein“, wie Stenbock-Fermor zuweilen augenzwinkernd von seinen Arbeitskameraden genannt wird, vehement eine antikommunistische Position, die vom unter Tage propagierten Klassenkampf nichts wissen will. Von diesen ideologischen Kämpfen zwischen dem Erzähler und seinen unterschiedlich politisierten Kumpeln zeugen etliche, auch längere Passagen in *Meine Erlebnisse als Bergarbeiter*. Die Wiedergabe dieser lebhaften Diskussionen war für Stenbock-Fermor genauso wichtig wie die Schilderung des ermüdenden Arbeitsalltags unter und über Tage. Und beides liest sich heute, nach 90 Jahren, immer noch gleichermaßen erschütternd: sei es das zähe Ringen um die Kohle unter der Erde und das „bißchen" Leben über der Erde, sei es das zähe Ringen um die richtige Einsicht und Handlung bei der politischen Arbeit.

Dass Stenbock-Fermor mit seinem Bericht *Meine Erlebnisse als Bergarbeiter* nah an der Wahrheit war, wurde ihm sieben Jahre später vor Ort bestätigt. Im Rahmen seiner viel beachteten Reise-Reportage *Deutschland von unten* (1931), die ebenfalls bei Engelhorn (Stuttgart) erschien und jüngst neu aufgelegt wurde (2016), suchte er unter dem Titel *Wiedersehen mit den alten Bergarbeiterkameraden* noch einmal seinen ehemaligen Arbeitsplatz in Hamborn auf. „‚Mensch, dein Bergarbeiterbuch!'" schallt es dem Rückkehrer dort entgegen: „‚Das ist von Hand zu Hand gewandert. Die Kollegen haben's fast alle gelesen. Das hast du fein geschrieben.'" – „‚Sagen Sie offen'", fragt der Autor nach, „‚habe ich die Verhältnisse richtig geschildert?'" – „‚Vollkommen richtig, Herr Stenbock'", lautet die Antwort, „‚wir fanden alle, daß Sie die Dinge richtig dargestellt haben.'" Damit war Stenbock-Fermors seinerzeit im Vorwort formulierte Absicht dieser Schrift offenbar eingelöst: „Mein einziges Bestreben beim Niederschreiben dieser Erinnerungen ist, rücksichtslos wahr zu sein: Ohne Beschönigung oder Übertreibung erzähle ich nur das, was ich mit eigenen Augen gesehen und eigenen Ohren gehört habe."

Auch Kurt Kläber (1897–1959), Ex-Wahl-Bochumer Bergmann und späterer BPRS-Autor und -Frontmann, bescheinigte in einer ausführlichen Rezension Stenbock-Fermors *Meine Erlebnisse als Bergarbeiter* Authentizität: „Erstaunlicherweise sind sie noch so plastisch, aufrüttelnd, nackt und entsprechen der Wahrheit, daß wir sogar Propaganda dafür machen können." Zu „den Plusseiten des Buches" zählte er die Arbeitsschilderungen sowie die Kapitel über Diskussionen. Zum Schluss warf Kläber die Frage auf, warum man nicht über dieses Buch schreibe oder spreche; weder die „Rechtspresse" noch die „demokratische Presse" noch die „gesamte SPD-Presse" nähmen es zur Kenntnis.

Das Leben von Stenbock-Fermor verlief weiterhin turbulent. Nach der nationalsozialistischen Machtergreifung tauchte er für ein halbes Jahr unter, wurde dann inhaftiert und ausgebürgert (1933). Um als Autor in Deutschland bleiben zu können, wurde er Mitglied der (gleichgeschalteten) Reichsschrifttumskammer (1934). Nach dem Zweiten Weltkrieg arbeitete er als Drehbuch-Autor in Westberlin. Mit seinem Film *Grube Morgenrot* (1948), der in der „Darstellung der tatsächlichen Bergbauarbeit" als überzeugendster Bergarbeiterfilm gilt (Bert Hogenkamp), kehrte er als genauer Kenner des Milieus thematisch gesehen an den Anfang zurück. Stenbock-Fermor starb 1972 bei einem Aufenthalt in Düsseldorf, rund 30 Kilometer von Hamborn entfernt.

Dirk Hallenberger

Inhalt

Ruhrgebiet de luxe